Anja Zschau, A. Ludwig, C. Tauscher

Rechtliche Probleme im eCommerce

Anja Zschau, A. Ludwig, C. Tauscher

Rechtliche Probleme im eCommerce

GRIN Verlag

Bibliografische Information der Deutschen Nationalbibliothek: Die Deutsche Bibliothek
verzeichnet diese Publikation in der Deutschen Nationalbibliografie; detaillierte bibliografische Daten sind im Internet über http://dnb.d-nb.de/ abrufbar.

1. Auflage 2001
Copyright © 2001 GRIN Verlag
http://www.grin.com/
Druck und Bindung: Books on Demand GmbH, Norderstedt Germany
ISBN 978-3-638-73330-4

Universität Leipzig
Wirtschaftswissenschaftliche Fakultät
Institut für Wirtschaftsinformatik

Hauptseminararbeit zum Thema

Rechtliche Probleme im eCommerce

Bearbeiter: Anja Zschau
                     Christian Tauscher
                     André Ludwig

Kurzzusammenfassung

Autoren: Anja Zschau, Christian Tauscher, André Ludwig

In dieser Hauptseminararbeit möchten wir auf rechtliche Probleme im eCommerce eingehen. Wir untersuchen das Procedere des Online-Business und zeigen wie der Bestellvorgang im Internet für die Lieferfirmen sicherer gestaltet werden kann. Im Kapitel 2 wird die rechtliche Grundlage des elektronischen Geschäftsverkehrs behandelt. Es wird erläutert, wie Verträge geschlossen werden und ein Übertrag auf das Internet vollzogen. Dabei wird geklärt, wann ein Vertrag als geschlossen gilt, beziehungsweise wann zwei sich deckende Willenserklärungen aufeinander treffen. Die Frage des Zugangs elektronischer Willenserklärungen und die Möglichkeit der Anfechtung für den Erklärenden stellt sich bezüglich zeitlich und räumlich verteilter Vertragspartner. Im dritten Kapitel wird auf diesen theoretischen Grundlagen aufgebaut und der elektronische Bestellvorgang beschrieben. Es wird eine exakte zeitliche Zuordnung der einzelnen Willenserklärungen zwischen den Vertragspartnern wiedergegeben. Dabei wird auf bestehende rechtliche Regelungen eingegangen und erläutert, welches Recht beim internationalen Handel zur Anwendung gelangt. Zur Ausarbeitung des ersten und zweiten Kapitels stützten wir uns vor allem auf:

- Eichhorn, B.: Internet-Recht, Fortis Verlag GmbH, Köln, 2000
- Köhler, M.; Arndt, H.-W.: Recht des Internet, 2. Aufl., C.F. Müller Verlag, Heidelberg, 2000

Das vierte Kapitel geht speziell auf rechtliche Probleme ein und identifiziert Störfaktoren, die aus den Kapiteln zwei und drei abgeleitet werden. Für unsere Recherchen verwendeten wir insbesondere:

- Gora, W.; Mann, E. (Hrsg.): Handbuch Electronic Commerce, Springer Verlag, Berlin u.a., 1999

Abschließend werden ausführlich Lösungswege zu den aufgetretenen Problemstellungen aufgezeigt. Wir klären Möglichkeiten zur Identifikation der Erklärenden mit digitalen Signaturen und Logfiles, beschreiben Besonderheiten beim Einbeziehen von Allgemeinen Geschäftsbedingungen und bewerten aktuelle Zahlungssysteme. Die Variante des vorträglichen Absicherns von Geschäften durch Risiko Management Systeme werden beschreiben. Grundlegende Informationsquellen waren hierfür neben zahlreichen Artikeln aus Fachzeitschriften und Online-Portalen die Bücher:

- Schuhmacher, E.; Müller, A.: Ratgeber Recht- und Vertragspraxis im E-Business, Datakontext Fachverlag, Frechen, 2001
- Gora, W.; Mann, E. (Hrsg.): Handbuch Electronic Commerce, Springer Verlag, Berlin u.a., 1999

Literatur:

- Eichhorn, B.: Internet-Recht, Fortis Verlag GmbH, Köln, 2000
- Köhler, M.; Arndt, H.-W.: Recht des Internet, 2. Aufl., C.F. Müller Verlag, Heidelberg, 2000
- Gora, W.; Mann, E. (Hrsg.): Handbuch Electronic Commerce, Springer Verlag, Berlin u.a., 1999
- Schuhmacher, E.; Müller, A.: Ratgeber Recht- und Vertragspraxis im E-Business, Datakontext Fachverlag, Frechen, 2001

Schlüsselwörter:

Vertragspraxis, Internetrecht, Online-Verträge, Digitale Signaturen, anwendbares Recht, Zahlungssysteme

Gliederung:

Leipzig, den 28.05.2001

Gliederung

Abbildungsverzeichnis

Abkürzungsverzeichnis

AB1. EG	Amtsblatt der Europäischen Gemeinschaften
AGB	Allgemeine Geschäftsbedingungen
AGBG	Gesetz zur Regelung des Rechts der Allgemeinen Geschäfts-bedingungen
B2B	Business-to-Business
B2C	Business-to-Consumer
BDSG	Bundesdatenschutzgesetz
BGB	Bürgerliches Gesetzbuch
BGH	Bundesgerichtshof
BGHZ	Bundesgerichtshof, Entscheidungen in Zivilsachen
Bsp.	Beispiel
CD-ROM	Compact Disk (Read only Memory)
DL	Dienstleistung
DSRL	Datenschutz-Richtlinie
eCommerce	Electronic Commerce (elektronischer Handel)
ECRL	eCommerce-Richtlinie
EG	Europäische Gemeinschaft
EGBGB	Einführungsgesetz zum Bürgerlichen Gesetzbuch
EGG	Gesetz zum Elektronischen Geschäftsverkehr
E-Mail	Electronic Mail (elektronischer Brief)
E-Payment	Electronic Payment (elektronisches Bezahlen)
EU	Europäische Union
FernAbsG	Fernabsatzgesetz
HaustürWiderG	Haustürgeschäftewiderrufsgesetz
HLP	Herkunftslandprinzip
HTTP	Hypertext Transfer Protokoll
i.d.R.	in der Regel
i.R.d.	im Rahmen des
i.S.d.	im Sinne des
IuKDG	Informations- und Kommunikationsdienstgesetz
MDStV	Mediendienste-Staatsvertrag
NCSA	National Center for Supercomputing Applications

NJW	Neue Juristische Wochenschrift
OLG	Oberlandesgericht
PIN	Persönliche Identifizierungsnummer
RL	Richtlinie
RMS	Risiko-Management-Systeme
SET	Secure Electronic Transaction
SigG	Signaturgesetz
SSL	Secure Socket Layer
TDDSG	Teledienstedatenschutzgesetz
TDG	Teledienstegesetz
TDSV	Telekommunikationsdiensteunternehmen-Datenschutzverordnung
TKG	Telekommunikationsgesetz
UWG	Gesetz gegen unlauteren Wettbewerb
VerbrKrG	Verbraucherkreditgesetz
WE	Willenserklärung
WWW	World Wide Web (Internet)
ZPO	Zivilprozessordnung

1 Einleitung

Einhergehend mit der Vielzahl neuer Kommunikationsformen und -mittel ergeben sich aus juristischer Sicht eine Vielzahl von Fragen, die es erstmals zu beantworten gilt. Selbstverständlich gilt dies auch für den Bereich des Electronic Commerce. Anfangs galt das Internet als rechtsfreier Raum, dessen Feinheiten noch von keinem Gesetz erfasst wurden und zu dessen Problematiken es ebenso noch keine Rechtsprechungen gab. Das Vorantreiben der wirtschaftlichen Nutzung des Internets fordert jedoch kalkulierbare rechtliche Rahmenbedingungen für diese Aktivitäten. Natürlich gelten in der elektronischen Geschäftswelt dem Grundsatz nach die gleichen Regeln wie in der „normalen" Geschäftswelt. Beschäftigt man sich jedoch eingehender mit Rechtsfragen zum Electronic Commerce beziehungsweise zu neuen Kommunikationsformen, muss man feststellen, dass die bestehenden gesetzlichen Regelungen nur teilweise die sich darstellenden neuen Sachverhalte erfassen können. Die derzeitige Rechtslage ist daher im Wesentlichen dadurch gekennzeichnet, dass versucht wird, bestehende Regelungen anzuwenden und an die neuen Bedingungen anzupassen und zum anderen gänzlich neue Regelungen durch den Gesetzgeber geschaffen werden. Primäres Ziel dieser Regelungen ist der Schutz des Verbrauchers und die Anpassung an die neuen Gegebenheiten.

In den folgenden Kapiteln soll Unternehmen, die den Weg ins Online-Business gehen wollen, eine Hilfestellung in rechtlichen Fragen gegeben werden. Es werden die Rechte und Pflichten eines Online-Anbieters sowie Gefahren und Lösungen im eBusiness aufgezeigt.

2 Vertragsabschluss

2.1 Herkömmlicher Vertragsabschluss[1]

2.1.1 Allgemeine Grundlagen

Ein Vertrag kommt i.S.d. §§ 145 - 157 BGB durch Angebot (auch: Antrag) und Annahme zustande. Beides sind Willenserklärungen (WE). Gemäß § 130 BGB ist dies auch unter Abwesenden - wie z.B. im Internet - möglich.[2]

---

[1] Vgl. Mitschrift zur Vorlesung „Bürgerliches Gesetzbuch", WS 1998/1999

Voraussetzung für die Abgabe einer WE ist die *Erklärung eines menschlichen Willens*. Verträge können nur von rechts- und geschäftsfähigen Rechtssubjekten abgeschlossen werden. Ein wirksames Angebot setzt voraus, dass die WE so abgegeben wird, dass in ihr der wesentliche Inhalt des Vertrages feststeht. D.h., der Vertragspartner kann das Angebot durch ein einfaches „Ja" annehmen. Außerdem muss der Erklärende (z.b. Kunde, Käufer etc.) einen entsprechenden Rechtsbindungswillen äußern. Die Annahme muss rechtzeitig erfolgen (§§ 147 ff. BGB). Eine verspätet zugegangene oder abgeänderte Annahmeerklärung gilt als neues Angebot (§ 150 BGB). Damit ein Vertrag jedoch zustande kommen kann, müssen sich die beiden WE, Angebot und Annahme, inhaltlich decken. Unklare Erklärungen bedürfen zunächst der Auslegung. Dabei wird untersucht, was ein durchschnittlicher Adressat unter einer solchen Erklärung normalerweise verstanden haben durfte. Es kommt also nicht darauf an, was der konkrete Adressat tatsächlich verstanden hat. Jede der zwei WE muss hierbei separat für sich ausgelegt werden.

2.1.2 Die Anfechtbarkeit von Willenserklärungen

Die WE des Erklärenden kann *rückwirkend* durch Anfechtung wieder vernichtet werden. Dabei müssen die folgenden Voraussetzungen erfüllt sein:

- Der Anfechtende muss einen Anfechtungsgrund i.S.d. §§ 119 f. BGB haben.
- Der Anfechtende muss die Anfechtung erklären (§ 143 Abs. 1 BGB).
- Die Anfechtung muss fristgerecht erfolgen (§ 121 bzw. § 124 BGB).

Mit wirksamer Anfechtung wird die bis dahin voll gültige WE gemäß § 142 Abs. 1 BGB (rückwirkend) nichtig. Der Vertrag wird dann so angesehen, als hätte er nie existiert. Die Anfechtung nach den §§ 119 f. BGB löst eine Schadensersatzpflicht aus, wenn der Anfechtungsgegner auf die Gültigkeit der WE vertraut hat und vertrauen durfte (§ 122 Abs. 2, Satz 1 BGB).

---

[2] Vgl. Eichhorn, B.: Internet-Recht, Fortis Verlag GmbH, Köln, 2000, S. 71

2.2 Vertragsabschluss im Internet[3, 4]

Beim Vertragsabschluss im Internet handelt es sich um einen Vertragsabschluss unter Abwesenden (vgl. 2.2.4).

2.2.1 Arten

Es können dabei zwei Arten von Verträgen bzw. Geschäften unterschieden werden, Offline- und Online-Geschäfte.

So genannte *Offline-Geschäfte* unterscheiden sich nicht von Bestellungen per Postkarte oder Telefon, lediglich der Vertragsabschluss findet „online" statt. Die eigentliche Leistungserbringung erfolgt in herkömmlicher Weise (z.b. durch Lieferung per Post). Beispiele dafür sind Bestellungen von Büchern, CDs, Textilien, Elektronischen Geräten etc. bei Online-Shops.

Online-Geschäfte hingegen werden sowohl „online" geschlossen, als auch „online" abgewickelt. Dies setzt jedoch zwingend voraus, dass die zu liefernde Ware digitalisierbar ist. Beispiele hierfür sind Downloads von Software, Musik und elektronischen Büchern, Internet-Telefonie etc.

Diese Unterscheidung der Verträge ist vor allem von steuerrechtlicher Bedeutung, zivilrechtlich stellen sich beim Vertragsabschluss im Internet zunächst die gleichen Fragen:

2.2.2 Die elektronische Willenserklärung

Wie oben (vgl. 2.1.1) schon erwähnt, setzt die Abgabe einer WE die *Erklärung eines menschlichen Willens* voraus. WE per E-Mail oder Mausklick sind heute unstreitig als solche anerkannt.

Voraussetzung dafür ist, dass der Computer ausschließlich als technisches Medium zur Übermittlung dieses Willens eingesetzt wird und die WE nicht automatisch - ohne Kenntnis des Nutzers - generiert. Im letzteren Fall hat der „Erklärende" bei Abgabe der WE eigentlich gar keinen Erklärungswillen, denn er weis nicht einmal, dass in jenem Moment eine WE abgegeben wird. Dennoch wird eine solche Computererklärung beim Anlagenbetreiber allgemein als WE entgegen genommen.

---

[3] Vgl. Köhler, M.; Arndt, H.-W.: Recht des Internet, 2., völlig neu bearb. u. erw. Aufl., C.F. Müller Verlag, Heidelberg, 2000, S. 27-32

2.2.3 Die Identifikation des Erklärenden

„Ebenso wie bei Willenserklärungen, die unter Abwesenden (§130 Abs. 1 BGB) abgegeben wurden, stellt sich auch bei elektronischen Willenserklärungen das Problem der Echtheit der Erklärung und der Identität des Erklärenden."[5]

Bei elektronisch abgegebenen WE kann - im Gegensatz zu WE, die telefonisch, per Fax oder mit der Post übertragen wurden - vor dem Vertragsabschluss üblicherweise keine brauchbare Nachfrage erfolgen. Die Identität des tatsächlich Erklärenden kann also nicht verlässlich festgestellt werden. Es lassen sich höchstens Hinweise über seine E-Mail-Adresse oder durch die Ermittlung der Rechnerdaten des Anlagenbetreibers herausfinden.

Bereits Anfang des 20. Jahrhunderts wurde mit der Entwicklung des Massenkonsums das schuldrechtliche Institut des „Geschäfts für den, den es angeht" geschaffen. D.h. dass sich z.b. das Verkaufspersonal in einem Kaufhaus nicht für die Identität des Käufers interessiert. Dieser Grundsatz lässt sich ebenso auf den eCommerce übertragen.

Die einzige Frage, die sich dann noch stellt ist die, wie der Anbieter sicher „zu seinem Geld kommt".

Überprüfungen der Identität des Erklärenden können derzeit z.b. durch

- die Vergabe von Passwords und PIN-Codes,

- Offline-Prüfungen,

- Plausibilitätsrecherchen und

- die Einführung der digitalen Signatur

vorgenommen werden.

Mit Lösungsvorschlägen für das o.g. Problem werden wir uns in dieser Hauptseminararbeit später noch ausführlich befassen (vgl. Kapitel 5).

2.2.4 Vertragsabschluss unter Abwesenden

„Der einem Abwesenden gemachte Antrag kann nur bis zu dem Zeitpunkt angenommen werden, in welchem der Antragende den Eingang der Antwort unter regelmäßigen Umständen erwarten darf." (Wortlaut des § 147 Abs. 2 BGB)

Nun stellt sich die Frage nach der Länge der Annahmefrist i.S.d. § 147 Abs. 2 BGB, die sich zusammensetzt aus:

- dem Zeitraum für die Übermittlung des Antrags (Angebot)

---

[4] Vgl. Eichhorn, B.: Internet-Recht, a.a.O., S. 71 f.
[5] Köhler, M.; Arndt, H.-W.: Recht des Internet, a.a.O., S. 29 Abs. 89

- der Bearbeitungs- und Überlegungszeit des Empfängers und
- der Zeit für die Übermittlung der Antwort an den Antragenden.

Aufgrund der schnellen Übertragungszeiten in Sekundenbruchteilen, sowie der Leistungs-fähigkeit heutiger Datenbanksysteme schmilzt die von § 147 Abs. 2 BGB gewährte Bearbeitungs- und Überlegungszeit des Empfängers auf wenige Sekunden zusammen. Gemäß § 151 BGB kommt der Vertrag - auch ohne Bestätigung - durch die Ausführung des Auftrages (= Annahme des Angebots) zustande.

2.2.5 Der Zugang elektronischer Willenserklärungen

WE unter Anwesenden werden mit ihrer Abgabe sofort wirksam[6]. Eine (elektronische) WE unter Abwesenden gilt jedoch erst als zugegangen, wenn sie so in den Machtbereich des Empfängers gelangt, dass bei Annahme gewöhnlicher Verhältnisse damit zu rechnen ist, er könne davon Kenntnis nehmen (§ 130 Abs. 1 BGB).

Es werden zwei Arten der Übertragung unterschieden:

- direkte Übertragung und

- Abgabe der Erklärung über Dritte (indirekte Übertragung)

Im Fall der *direkten Übertragung* gelangt die WE mit Passieren der internen Schnittstelle der Anlage des Empfängers in dessen Machtbereich. Der Empfänger besitzt technisch also 24 Stunden am Tag und 7 Tage pro Woche die Möglichkeit der Kenntnisnahme.

Es besteht kein Anlass, die zumutbare Möglichkeit der Kenntnisnahme auf übliche Geschäftszeiten zu beschränken, wenn der Anbieter selbst erklärt, vollautomatisiert zu arbeiten. Er hat seine EDV-Anlage dann so programmiert, dass diese jederzeit Mitteilungen zur Kenntnis nimmt und beantwortet bzw. ausführt.

Der Anbieter hat jedoch die Pflicht, während der allgemeinen Geschäftszeiten regelmäßig in seiner Mailbox nachzusehen, falls er Erklärungen mittels E-Mail in sein elektronisches Postfach erhält oder sonst zu erkennen gibt, dass Mitarbeiter in die Abwicklung des Vertrages eingeschaltet werden.

Fälle, in denen die *Erklärung über Dritte* abgegeben wird erweisen sich als wesentlich komplizierter. Der Provider hält dabei die Erklärung für den Empfänger zum Abruf bereit. Erforderlich für den Zugang der WE sind bei dieser „Zwischenlagerung" die Speicherung der Erklärung im Computer des Providers sowie ihre Abrufbarkeit für den Empfänger.

---

[6] Vgl. Eichhorn, B.: Internet-Recht, a.a.O., S. 71

Der Widerruf einer WE i.S.d. § 130 Absatz 1, Satz 2 BGB ist dabei praktisch unmöglich, da er angesichts der hohen Übertragungsgeschwindigkeiten und der schnellen bzw. oft sofortigen Bearbeitung von Online-Bestellungen unmöglich fristgemäß abgegeben werden kann. Nach deutschem Recht können WE grundsätzlich in jeder Form (d.h. mündlich, per Telefon, per Fax, per E-Mail oder auf sonstige Weise) im Internet abgegeben und angenommen werden. Die Form des Vertragsabschlusses entscheidet - abgesehen von gesetzlichen Ausnahmeregelungen wie § 126 BGB (Schriftformerfordernis) - nicht über das wirksame Zustandekommen eines Vertrages. Aufgrund der komplexen Übermittlungs- und unterschiedlicher Übertragungstechniken gibt es jedoch noch zahlreiche ungelöste Rechtsfragen, die evtl. zu Rechtsunsicherheit bzgl. der Wirksamkeit einer WE führen können. Es ist daher empfehlenswert, die im Internet getroffenen Vereinbarungen zusätzlich - per Fax oder Post - „abzusichern".[7]

2.2.6 Die Anfechtung elektronischer Willenserklärungen

Man unterscheidet wiederum zwei Arten.

(1) Anfechtbarkeit der WE bei

- *Übermittlungsfehlern:* Diese gehen zu Lasten des Erklärenden. Er trägt das Risiko der Falschübermittlung. Gemäß § 120 BGB kann er seine „falsche" WE anfechten. Dabei schuldet er dem Empfänger Schadensersatz nach § 122 BGB (siehe 2.1.2).
- *Eingabefehlern:* Lt. § 119 Abs. 1 BGB kann die fehlerhafte WE angefochten werden.

(2) Nichtanfechtbarkeit der WE bei

- *Hard- und Softwarefehlern,* da der Einsatz einer DV-Anlage hard- und softwaremäßig die Ausgangsgrößen festlegt, mit denen Computererklärungen erzeugt werden. Es handelt sich hierbei um einen Irrtum in der Willensbildung, nicht aber in der Willensäußerung.

- *Verwendung unkorrekter Daten, internen Rechenfehlern oder sonstigen Irrtümern:* Diese berechtigen in der Erstellung der Erklärung als „Kalkulations-irrtümer" ebenfalls nicht zur Anfechtung.

---

[7] Vgl. Eichhorn, B.: Internet-Recht, a.a.O., S. 71 f.

2.2.7 Der Beweiswert elektronischer Dokumente[8, 9]

Der Abschluss von Verträgen im Internet wird in Zukunft zunehmende Bedeutung erlangen. Im Falle von Meinungsverschiedenheiten können Vertragsabschluss und -inhalt meist nur durch den Ausdruck digital gespeicherter Daten bewiesen werden. Solche Reproduktionen stellen jedoch keine Privaturkunden i.S.d. § 416 ZPO dar, denn es fehlt stets die erforderliche Unterschrift sowie die dauerhafte Verkörperung einer Erklärung des Ausstellers. Aus der Urkunde folgt nicht direkt die Gedankenäußerung (= Erklärung, WE). D.h., elektronische Dokumente können gemäß § 286 ZPO nur in die richterliche Beweiswürdigung einfließen. Aufgrund dieses Ermessensspielraumes für den Richter („freie Beweiswürdigung") können die Vertragsparteien nicht sicher sein, Abschluss und Inhalt eines online abgeschlossenen Vertrages beweisen zu können.

Den Beweis dafür, dass dem Adressaten eine WE tatsächlich zugegangen ist, hat stets der Erklärende zu führen. Dabei genügt es - nach heutiger Rechtslage - nicht darzulegen, dass das Fax bzw. die E-Mail störungsfrei abgeschickt wurde und keinerlei Anzeichen für eine Übermittlungsstörung ersichtlich wurden.[10]

Selbst Sendeprotokolle (von Fax oder E-Mail) erbringen nach Auffassung des Bundesgerichtshofs[11] nicht den Anscheinsbeweis für den Zugang einer WE. Ihnen kommt bestenfalls Indizwirkung i.R.d. § 286 ZPO zu.

Wie oben (2.2.5) bereits erwähnt, ist es daher ratsam, sich den Vertragsabschluss durch die andere Seite auf herkömmliche Art und Weise bestätigen zu lassen.

Lösungsansatz für dieses Beweisproblem:

Im Rahmen einer Änderung der ZPO müssen elektronische Dokumente als Urkunde anerkannt werden können, wenn das Dokument mittels einer digitalen Signatur seinem Aussteller zugeordnet werden kann.

Durch (nach dem Stand der Technik) geeignete Verfahren müssen die Datenauthentizität des digitalen Dokuments sowie die Identität des Verfassers der Gedankenäußerung vor Verfälschung und Manipulation gesichert sein.

Nach einer Entscheidung des Oberlandesgerichtes Hamm erscheint diese Lösung jedoch fraglich, denn es bestehen Zweifel am Beweiswert von PIN-Nummern. „Die Verwendung

---

[8] Vgl. Deutsch, T.: Die Beweiskraft elektronischer Dokumente. In: JurPC Web-Dok. 188/2000, Abs. 1-72, http://www.jurpc.de/aufsatz/20000188.htm
[9] Vgl. Köhler, M.; Arndt, H.-W.: Recht des Internet, a.a.O., S. 46 f.
[10] Vgl. Schuhmacher, E.; Müller, A.: Ratgeber Rechts- und Vertragspraxis im E-Business, 1. Aufl., Datakontext-Fachverlag, Frechen, 2001, S. 45
[11] BGH, NJW 1995, 665

einer PIN-Nummer durch einen Dritten stelle - so das OLG Hamm - keinen Beweis für die pflichtwidrige Übergabe der PIN-Nummer durch einen Karteninhaber[190] dar. Hierzu bestünde eine zu hohe Trefferquote beim Ausprobieren der meistens gewählten PIN-Ziffern 1 bis 5."[12] D.h. also, dass aufgrund der Benutzung einer PIN nicht auf eine Handlung ihres Besitzers geschlossen werden darf.

Derartige Bedenken der Rechtssprechung gilt es bei der Einführung der digitalen Signatur von vornherein zu zerstreuen. Dies kann beispielsweise per Gesetz erfolgen.

3   Der Bestellvorgang

3.1   Ablauf des Bestellvorgangs[13]

Das Internetangebot eines Unternehmens auf seiner Homepage stellt - wie auch im traditionellen Handel - zunächst kein bindendes Angebot dar. In der (Internet-)Präsentation der Waren liegt zu diesem Zeitpunkt nur eine *Aufforderung zur Angebotsabgabe* (sog. invitatio ad offerendum) an den potentiellen Kunden vor.

D.h. (im Internet), erst der Nutzer des Online-Angebotes gibt mit seiner Bestellung via Internet (z.B. durch „Absenden" des ausgefüllten Bestellformulars) objektiv ein verbindliches Angebot ab. Der erforderliche subjektive Wille zum Vertragsabschluss kommt z.B. durch das notwendige Klicken auf einen Bestellbutton zum Absenden der Bildschirmmaske zum Ausdruck.

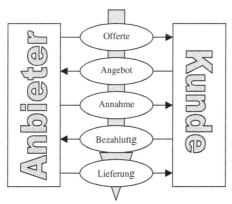

Abb. 1: Vertragsabschluß (im Internet)

---

[12] Köhler, M.; Arndt, H.-W.: Recht des Internet, a.a.O., S. 46 f. Abs. 151
[13] Vgl. Eichhorn, B.: Internet-Recht, a.a.O., S. 71

Wenn der Unternehmer dieses bindende Angebot annimmt, kommt der Vertrag zustande. Die Annahme durch den Unternehmer äußert sich für gewöhnlich darin, dass er die bestellten Artikel an den Kunden ausliefert. Meist erhält der Kunde zusätzlich als Antwort auf seine Bestellung eine Bestätigung (z.B. per E-Mail).

3.2 Rechtliche Regelungen zum Verbraucherschutz

3.2.1 Das Haustürgeschäftewiderrufsgesetz[14]

Beim Haustürgeschäftewiderrufsgesetz (HaustürWiderG) handelt es sich um ein klassisches Verbraucherschutzgesetz. Dieses Gesetz besagt, dass Kunden beim Abschluss von Haustür- und ähnlichen Geschäften für den privaten Bedarf grundsätzlich ein Widerrufsrecht haben. Das HaustürWiderG soll den Kunden vor dem typischen „Überrumpelungseffekt" in bestimmten Situationen schützen, in denen er von einem *persönlich anwesenden Geschäftspartner* so beeinflusst wird, dass er sich zum Abschluss eines Vertrages entschließt. Auf elektronischem Weg sind solche Situationen jedoch nicht gegeben, da der Kunde dabei stets ohne die evtl. beeinflussende persönliche Anwesenheit der anderen Seite über einen Vertragsabschluss entscheidet. Daher scheidet die Anwendung des HaustürWiderG hier grundsätzlich aus. Das gleiche gilt nach einer Entscheidung des Bundesgerichtshofes[15] auch für telefonische Vertragsabschlüsse.

3.2.2 Das Verbraucherkreditgesetz[16]

Dieses Verbraucherschutzgesetz gilt prinzipiell auch für Geschäfte im Internet. Voraussetzungen dafür sind:

- der User ist eine „natürliche Person" i.S.d. Gesetzes,
- das Geschäft wird nicht für ihre gewerbliche oder selbständige berufliche Tätigkeit abgeschlossen (§ 1 Abs. 1 VerbrKrG),
- der Barzahlungspreis muss 400 DM übersteigen bzw. ein Zahlungsaufschub muss für mehr als 3 Monate gewährt werden (§ 3 Nr. 1 VerbrKrG).

---

[14] Vgl. Schuhmacher, E.; Müller, A.: Ratgeber Rechts- und Vertragspraxis im E-Business, a.a.O., S. 50 f.
[15] BGH, NJW 1996, 929
[16] Vgl. Schuhmacher, E.; Müller, A.: Ratgeber Rechts- und Vertragspraxis im E-Business, a.a.O., S. 51

Unter Beachtung dieser Erfordernisse werden eine Vielzahl von Internetgeschäften jedoch nicht unter die Bestimmungen des Verbraucherkreditgesetzes (VerbrKrG) fallen[17], da es sich dabei i.d.R. nicht um Kreditgeschäfte handelt. Der Grundgedanke des Internet ist die schnelle Geschäftsanbahnung und -abwicklung. Nur in Ausnahmefällen wird der Händler bereit sein, seinen Kunden einen Kredit zu gewähren, denn er trägt das Liquiditäts- und Zahlungsrisiko.[18]

Das Verbraucherkreditgesetz gilt für Kredit- und Kreditvermittlungsverträge mit Verbrauchern und räumt diesen ebenfalls ein Widerrufsrecht ein. Lt. § 4 Abs. 1 VerbrKrG *bedarf der Kreditvertrag der Schriftform.* (Gemäß § 126 Abs. 1 BGB ist dafür die eigenhändige Unterschrift beider Parteien erforderlich. Außerdem muss der Vertragspartner die Urkunde mit der Originalunterschrift des Ausstellers erhalten.) Bei einer Abwicklung in rein elektronischer Form kann das Schriftformerfordernis also nicht gewahrt werden. Wird es nicht eingehalten, ist der Kreditvertrag gemäß § 6 Abs. 1 VerbrKrG nichtig.

Dieser Formmangel kann jedoch i.r.d. § 6 Abs. 2 und 3 VerbrKrG geheilt werden, falls der Verbraucher das Darlehen tatsächlich erhält oder den Kredit in Anspruch nimmt. Der im Vertrag vereinbarte Zinssatz ermäßigt sich nach dieser Vorschrift dann auf den gesetzlichen Zinssatz.

Der Widerruf durch den Verbraucher kann gemäß § 7 Abs. 1 VerbrKrG nur schriftlich erfolgen. Eine Erklärung per E-Mail reicht dabei nicht aus. Die Möglichkeit des Widerrufs besteht bis zu einem Jahr nach Abgabe der WE. Die gesetzliche Frist von einer Woche (§ 7 Abs. 2 VerbrKrG) gilt nur dann, wenn eine gesonderte Belehrung zum Widerrufsrecht i. R. d. Vertragsabschlusses vom Verbraucher unterschrieben wurde.[19]

3.2.3 Das Fernabsatzgesetz[20]

Das Fernabsatzgesetz (FernAbsG) trat zum 30.06.2000 in Kraft. Es stellt die Umsetzung der *„Richtlinie 97/7/EG des Europäischen Parlaments und des Rats vom 20. Mai 1997 über den Verbraucherschutz bei Vertragsabschlüssen im Fernabsatz"* (sog. Fernabsatzrichtlinie) in deutsches Recht dar.

Es gilt gemäß § 1 Abs. 1 FernAbsG grundsätzlich für alle Fernabsatzverträge über Waren oder Dienstleistungen von Unternehmern (i.S.d. § 24 Satz 1 Nr. 1 AGBG) mit Ver-

---

[17] Vgl. Köhler, M.; Arndt, H.-W.: Recht des Internet, a.a.O., S. 36, Abs. 119
[18] Vgl. Kessel, Chr., RA: In: E-Mail vom 29.05.2001
[19] Vgl. Köhler, M.; Arndt, H.-W.: Recht des Internet, a.a.O., S. 36, Abs. 121
[20] Vgl. Schuhmacher, E.; Müller, A.: Ratgeber Rechts- und Vertragspraxis im E-Business, a.a.O., S. 52 f.

brauchern (i.S.d. § 24 a AGBG). Für Verbraucher gelten hier die gleichen Voraussetzungen wie schon beim Verbraucherkreditgesetz (3.2.2).

Fernabsatzverträge liegen bei Vertragsanbahnung und -abschluss *ohne gleichzeitige körperliche Anwesenheit der Parteien* (insbes. Briefe, Kataloge, Telefongespräche, Telekopien, E-Mail sowie Rundfunk-, Tele- und Mediendienste) vor.

Das FernAbsG findet allerdings nur dann Anwendung, wenn sich der Verkäufer *gezielt und systematisch* dieser Kommunikationsmittel bedient.

Vom Anwendungsbereich ausgeschlossen sind demnach „zufällig" über Fernkommunikationsmittel geschlossene Verträge. Also Verträge, die nicht im Rahmen eines für den Fernabsatz organisierten Vertriebs- bzw. Dienstleistungssystems erfolgen. Darüber hinaus werden auch Geschäfte bestimmter Branchen nicht vom FernAbsG erfasst (z.b. Fernunterricht, Finanzgeschäfte, Immobilien, Beförderungsverträge, Hotelverträge, Versteigerungen; siehe dazu § 1 Abs. 3 FernAbsG).

Gemäß § 1 Abs. 4 FernAbsG bleiben Regelungen, die für den Verbraucher günstiger als das FernAbsG sind, unberührt. Das FernAbsG ist demnach ein harmonisierter Mindeststandard von verbraucherschützenden Vorschriften.[21]

Als typisches Verbraucherschutzgesetz bedient sich das FernAbsG zweier klassischer Schutzinstrumente:

- „Informationspflicht": Die Anbieter werden zur Erteilung festgelegter Mindestinformationen und Belehrungen verpflichtet. (vgl. § 2 Abs. 2 FernAbsG)
- Widerrufsrecht des Verbrauchers gemäß § 361 a BGB

Im Rahmen der *Informationspflicht* muss der Unternehmer den Verbraucher *vor dem Vertragsabschluss* z.B. klar und verständlich informieren über:

- die wesentlichen Merkmale der Ware oder Dienstleistung,
- den Inhalt und das Zustandekommen des Vertrages,
- Preis- und Preisbestandteile,
- Liefer- und Versandkosten sowie
- für den Verbraucher durch die Nutzung der Fernkommunikationsmittel entstehende Kosten, sofern diese über den von ihm üblicherweise zu entrichtenden Grundtarif hinausgehen.

---

[21] Vgl. Köhler, M.; Arndt, H.-W.: Recht des Internet, a.a.O., S. 38, Abs. 129

Der Verbraucher ist gemäß des *Widerrufsrechts* grundsätzlich in der Lage, den Vertrag innerhalb einer Frist von 2 Wochen zu widerrufen. Beide Seiten sind dabei verpflichtet, der jeweils anderen Partei die bereits erhaltenen Leistungen zurückzuerstatten. Diese Frist beginnt mit dem Zeitpunkt, zu dem der Unternehmer dem Verbraucher eine *deutlich gestaltete Belehrung* über das Widerrufsrecht *auf einem dauerhaften Datenträger* (z.b. Diskette, CD-ROM, Papier) zur Verfügung gestellt hat.

Der Verbraucher ist bei der Ausübung seines Widerrufsrechts nach § 361 a Abs. 2 BGB grundsätzlich zur Rücksendung der erhaltenen Ware auf Kosten und Gefahr des Unternehmers verpflichtet. Der Unternehmer kann dem Verbraucher jedoch die regelmäßigen Kosten der Rücksendung vertraglich auferlegen, falls der Bestellwert 40 Euro nicht übersteigt und er tatsächlich die bestellte Ware geliefert hat.

3.3   Geltendes Recht beim Vertragsabschluss im Internet

Beim Electronic Commerce geht es um Verträge, die durch Nutzung elektronischer Kommunikationswege - online oder per E-Mail - geschlossen werden. Dabei stellt sich die Frage des anwendbaren Rechts, denn der Abschluss von Verträgen zwischen Partnern aus verschiedenen Ländern ist ein wesentliches Charakteristikum des Handels per Internet. Es ist zweifelsfrei deutsches Recht anwendbar, wenn sowohl Anbieter als auch Kunde ihren Sitz in Deutschland haben und keine grenzüberschreitenden Merkmale vorliegen. Bei grenzüberschreitenden Verträgen ist dagegen immer zu prüfen, ob es internationale Abkommen oder Verträge gibt, die dann Anwendung finden.

3.3.1 UN-Kaufrecht

Dies könnte das UN-Kaufrecht sein, welches die Kaufverträge über Waren regelt. Für Gegenstände und Dienstleistungen kann es ohne Probleme angewendet werden, bei der Lieferung sog. „soft goods" wird es schwierig.

Wer etwa Software mit Text, Bild und Musik direkt über das Netz liefert – also nicht per CD-ROM - kann das UN-Kaufrecht nicht anwenden.

Generell wird das UN-Kaufrecht in der Praxis eher selten angewendet, da es einen Schadensersatzanspruch unabhängig vom Verschulden vorsieht.

3.3.2 Internationales Privatrecht

Kommt das UN-Kaufrecht nicht zur Anwendung, so bestimmt sich die Rechtswahl nach dem internationalen Privatrecht. Dies kann sehr kompliziert sein. Ein Unternehmen sollte daher in jedem Fall vermeiden, die Frage der Rechtswahl offen zu lassen, da dies bei eventuellen Streitigkeiten zu Problemen hinsichtlich der Zuständigkeiten führt.

3.3.3 Rechtswahlvereinbarung

Eine bestimmte Rechtswahl kann ausdrücklich im Vertrag festgelegt werden. Eine solche Festlegung hilft etwa auch dabei, deutsches Recht zur Anwendung kommen zu lassen. Wenn eine solche Regelung aber nicht getroffen wird, gilt deutsches internationales Privatrecht.

3.3.4 Einführungsgesetz zum BGB

Das internationale Privatrecht ist in Deutschland als Einführungsgesetz zum Bürgerlichen Gesetzbuch (EGBGB) geregelt.

Danach greift das Recht, welches die engste Verbindung mit dem Staat aufweist, in dem der Vertragspartner (der die vertragscharakteristische Leistung zu erbringen hat) seinen gewöhnlichen Aufenthaltsort hat. Die „vertragscharakteristische Leistung" wird bei Kaufverträgen i.d.R. vom Verkäufer erbracht.

Beispiel: Hat der Anbieter einer Ware / Dienstleistung seinen gewöhnlichen Aufenthalt in Deutschland, ist deutsches Recht anwendbar.

3.4   Die EU-Richtlinie zum eCommerce[22]

Am 17.07.2000 ist die *„EU-Richtlinie 2000/31/EG des Europäischen Parlaments und des Rates vom 08.06.2000 über bestimmte rechtliche Aspekte der Dienste der Informations- gesellschaft, insbesondere des elektronischen Geschäftsverkehrs"* in Kraft getreten.

Sie muss bis zum 17.01.2002 durch die EU-Mitgliedsstaaten in nationales Recht umgesetzt werden und stellt eine Ergänzung des bisher (hinsichtlich der Dienste der Informations- gesellschaft) anwendbaren Gemeinschaftsrechts dar.

---

[22] Vgl. Schuhmacher, E.; Müller, A.: Ratgeber Rechts- und Vertragspraxis im E-Business, a.a.O., S. 53 f.

Im Sommer 2001 ist die Umsetzung der eCommerce-Richtlinie in nationales deutsches Recht im *„Gesetz zum Elektronischen Geschäftsverkehr"* (EGG) geplant.

Die Richtlinie setzt rechtliche Aspekte für die „Dienste der Informationsgesellschaft" (im folgenden Text „Dienste" bzw. „Dienstleistungen" genannt).

Darunter fallen i.d.R. alle gegen Entgelt elektronisch - im Fernabsatz und auf individuellen Abruf eines Empfängers - erbrachten Dienstleistungen. Der Geltungsbereich der Richtlinie umfasst damit also grundsätzlich alle kommerziellen Anwendungen, bei denen dem Nutzer ein Zugriff auf elektronische Dienstleistungen gewährt wird. (Ausgeschlossen sind jedoch „klassische" Leistungen wie Telefon-, Telefax- und Telexdienste.)

Außerdem soll die Richtlinie den im Online-Sektor tätigen und häufig europaweit agierenden Unternehmen einen verbesserten Rechtsrahmen sowie Verbrauchern einen besseren Schutz bringen.

Den Hintergrund der Richtlinie stellt die Problematik dar, dass es nicht jedem Online-Anbieter zuzumuten ist, sich europaweit mit allen Rechtsordnungen auseinander zu setzen, um auf seiner Web-Seite geschäftlich tätig zu werden. Dies würde den grenzüberschreitenden Handel nachhaltig schwächen.

3.4.1 Herkunftslandprinzip[23]

Die rechtliche Beurteilung von gemeinschaftsweit erbrachten Diensten richtet sich grundsätzlich nach den Vorschriften des Herkunftsstaates. Das Herkunftslandprinzip ist sinnvoll denn es wird zwangsläufig dazu führen, dass eine weitere Harmonisierung der Rechtsordnungen in Europa stattfindet.

Mit der Einführung des Herkunftslandprinzips sind jedoch auch andere, für erfolgreichen eCommerce möglicherweise noch wichtigere Fragen verbunden:

- Ist es den Verbrauchern zuzumuten, dass sie sich, je nach Herkunftsland des
  Anbieters beim Kauf von Gütern auf eine neue Rechtslage einstellen müssen?

- Müssen sie damit rechnen, ihre Ansprüche möglicherweise am Sitz des Anbieters
  vor einem Richter in Porto, Dublin oder Neapel geltend zu machen?

Da diese Fragen zu verneinen sind, offenbart sich hier der schwer auflösbare Interessengegensatz zwischen Anbietern und Verbrauchern - denn natürlich wäre es den

---

[23] Vgl. Karenfort, J.: Keine Rechtssicherheit beim E-Commerce. In: WebWelt online vom 21.02.2001, http://www.welt.de

Unternehmen am liebsten, wenn immer das Recht am Firmensitz gelten würde. Das Recht der Verbraucherverträge unterliegt demnach nicht dem HLP.

Art. 3 Abs. 1 und 2 der eCommerce-Richtlinie (ECRL) bestimmen, dass Dienste der Informationsgesellschaft, die dem Recht ihres Herkunftslandes entsprechen, in einem EU-Bestimmungsland nicht schärfer reglementiert werden dürfen. Das führt folglich dazu, dass sich Diensteanbieter und Online-Händler in den Staaten der EU niederlassen und von dort ihre Dienstleistungen offerieren werden, in denen die sie den geringsten rechtlichen Vorschriften unterliegen. Dies jedoch hat - bzgl. des kaum harmonisierten Wettbewerbs- und Verbraucherschutzrechts - Wettbewerbsverzerrungen im Bestimmungsland zur Folge, die zu einem deutlichen Absinken des eigentlich vorrangig gewünschten (Verbraucher-) Schutzniveaus beitragen.

„Gerade für das deutsche Recht sind die Konsequenzen erheblich. Man denke an das Zugaberecht, Rabattrecht oder das Recht der Sonderverkaufsveranstaltungen. Auch Standesrecht ist in wesentlichen Teilen erheblich restriktiver als ausländische Pendants.[87] Nirgendwo sonst gibt es Abmahnorganisationen wie die in § 13 Abs. 2 Nr. 2 UWG genannten Wettbewerbsverbände."[24] Die Auswirkungen auf den in Deutschland grundsätzlich verbotenen Handel mit apothekenpflichtigen Medikamenten sind ebenfalls noch ungeklärt. Es bleibt daher abzuwarten, ob die heftigen deutschen Widerstände gegen das Herkunftslandprinzip (HLP) zu einer Abänderung dieser Regelung führen.

Art. 3 Abs. 3 ECRL beschränkt die Anwendbarkeit des HLP im Bereich Vertragsrecht / Verbraucherschutzrecht auf die Fälle, in denen das jeweilige Kollisionsrecht des Mitgliedslandes auf das eigene Recht verweist.[25]

3.4.2 Niederlassungsfreiheit des Diensteanbieters[26]

Mitgliedstaaten haben zu gewährleisten, dass die Aufnahme und die Ausübung der Tätigkeit eines Diensteanbieters nicht zulassungspflichtig ist und auch sonst keinen Anforderungen gleicher Wirkung unterliegt.

Unberührt davon bleiben allerdings Zulassungsvoraussetzungen, die nicht speziell und ausschließlich Dienste der Informationsgesellschaft betreffen (z.B. gewerberechtliche Vorschriften).

---

[24] Köhler, M.; Arndt, H.-W.: Recht des Internet, a.a.O., S. 42, Abs. 138
[25] Vgl. Köhler, M.; Arndt, H.-W.: Recht des Internet, a.a.O., S. 42 f., Abs. 138-139
[26] Vgl. Schuhmacher, E.; Müller, A.: Ratgeber Rechts- und Vertragspraxis im E-Business, a.a.O., S. 54

Des Weiteren werden für die kommerzielle Kommunikation bestimmte Informationspflichten der Anbieter festgelegt. Anbieter müssen also zusätzlich zu sonstigen Informationsanforderungen (vgl. Kapitel 3.2.3) folgende Angaben machen:

- geographische und elektronische Anschrift,

- ggf. Eintrag in einem öffentlichen Register (Handelsregister) und

- ggf. die zuständige Aufsichtsbehörde.

3.4.3 Werbung[27]

Im Abschnitt *„Unerbetene kommerzielle Kommunikation"* wird klar gestellt, dass das Innehaben einer Internetadresse, die Herstellung eines Hyperlinks oder die Verwendung eines Domainnamens keine Werbung ist. Gemäß Art. 6 ECRL muss Werbung (d.h. unerbetene und elektronisch übermittelte Kommunikation) unzweideutig als solche zu erkennen und ihr Auftraggeber klar identifizierbar sein. Preisnachlässe, Zugaben, Geschenke und Gewinnspiele müssen ebenfalls zweifelsfrei bezeichnet werden.

Außerdem sind Anbieter derartiger Werbemaßnahmen verpflichtet, regelmäßig sog. „Robinson-Listen" zu konsultieren, in welche sich natürliche Personen eintragen können, wenn sie solche Informationen nicht (mehr) erhalten wollen. Die Diensteanbieter müssen dann diesen Wünschen nachkommen. Jedoch gilt diese Vorschrift nur für die Mitglieds-länder, in denen unaufgeforderte Werbe-E-Mails zugelassen sind.

3.4.4 Elektronische Verträge[28]

Lange war umstritten, wann elektronische oder elektronisch übertragene Erklärungen zum Abschluss eines Online-Vertrages führen, da sie nicht dem Schriftformerfordernis gemäß § 126 BGB genügen. Bürgschaftserklärungen (§ 766 BGB) können zwar nicht über das Internet abgegeben werden, aber bereits bei Quittungen (§ 368 BGB) und Ratenzahlungsgeschäften (§ 4 VerbrKrG) erscheint die Einhaltung der Schriftform nicht zwingend erforderlich. Dabei würde dies eine erhebliche Behinderung des eCommerce darstellen. Im Januar 1997 wurde daher vom Bundesjustizministerium ein Gesetzesentwurf *„zur Änderung der Formvorschriften in zahlreichen zivilrechtlichen Geschäften"*

---

[27] Vgl. Schuhmacher, E.; Müller, A.: Ratgeber Rechts- und Vertragspraxis im E-Business, a.a.O., S. 54
[28] Vgl. Köhler, M.; Arndt, H.-W.: Recht des Internet, a.a.O., S. 44 f., Abs. 143-145

vorgelegt. Darin bedeutet „*Textform*", dass der geschriebene Text in Schriftzeichen lesbar und die Person des Erklärenden erkennbar ist. Die elektronische Übermittlung sollte die Textform wahren, wenn die Erklärung beim Empfänger jederzeit durch Umwandlung in Schriftzeichen lesbar gemacht werden kann.

Den seltenen Fall des Vertragsabschlusses, in dem das Angebot zum Vertragsabschluss vom Diensteanbieter ausgeht, definiert Art. 11 ECRL folgendermaßen:

Ein Vertrag kommt dann zustande indem

- der Provider ein Angebot abgibt,

- welches dem Kunden zugeht;

- der Kunde das Angebot annimmt,

- die Annahme dem Provider zugeht;

- der Provider eine Empfangsbestätigung der Annahme erstellt,

- welche dem Kunden zugeht;

- der Kunde dem Provider den Empfang der Empfangsbestätigung bestätigt.

Außerdem hat der Kunde auch hier das Recht, den Vertrag gemäß Art. 6 Abs. 1 ECRL innerhalb von 7 Werktagen bzw. bei fehlender Belehrung durch den Provider binnen 3 Monaten zu widerrufen. Falls die oben beschriebene Prozedur nicht eingehalten wird, sind allerdings keine Rechtsfolgen vorgesehen.

3.4.5 Rechtsdurchsetzung[29]

Die Mitgliedstaaten müssen gemäß Art. 17 ECRL Einrichtungen für die außergerichtliche Beilegung von Streitigkeiten zw. dem Anbieter und einem Nutzer eines Dienstes schaffen. Dieses (außergerichtliche) Güteverfahren muss auf elektronischem Weg zugänglich sein. Damit wurde europaweit eine außergerichtliche Möglichkeit der Streitschlichtung im Internetbereich geschaffen.

3.5 Datenschutzrechtliche Probleme[30]

"Eine der größten rechtlichen Herausforderungen birgt der zunehmende kommerzielle Einsatz des Internet derzeit für den Datenschutz." Die datenschutzrechtlichen Gefahren des Internet sind lange Zeit nicht gesehen oder wenigstens unterschätzt wurden. "Erst durch die

---

[29] Vgl. Köhler, M.; Arndt, H.-W.: Recht des Internet, a.a.O., S. 46, Abs. 146-147

zunehmende Berichterstattung in den Medien ist einer breiteren Öffentlichkeit bewußt geworden, welche Gefahren für persönliche Daten bereits beim alltäglichen "Surfen" im Internet bestehen."[31] Es ist nämlich keineswegs der Fall, dass man beim Surfen durch das Netz keine Spuren hinterlässt. Beispielsweise können Internet-Provider oder der jeweilige Systemadministrator in Firmennetzen mit relativ geringem Aufwand feststellen, wer wie lange welche Internetseiten besucht hat. Unter datenschutzrechtlichen Aspekten ist bereits jeder Zugriff auf das Internet bedenklich, denn diese "Datenspur" wird meistens unbewußt und unbemerkt von den Internetnutzern hinterlassen.

3.5.1 Datenschutzrechtliche Gefahren

Folgende Eigenarten des Netzes bergen neben den Daten, die Anbieter von Internet-leistungen offen von ihren Kunden erfahren, erhebliche datenschutzrechtliche Risiken:

(1) Systemarchitektur des Internet:
Die Identifizierung eines Rechners erfolgt über sog. IP-Adressen, die jedem Rechner im Netz zugeordnet sind (vgl. Kapitel 5.).
Sobald eine Internetseite aufgerufen wird, übermittelt der Internetbrowser des Nutzers ein Datenpaket. Dieses enthält neben der Adresse des gesuchten Rechners auch die des eigenen, den Zeitpunkt des Zugriffes und ggf. frühere Aufrufe der Seite, Angaben über den verwendeten Browser sowie auch die E-Mail-Adresse des Nutzers. Die so gewonnenen Informationen werden dann zur Überprüfung, ob die Verbindung zw. beiden Rechnern ordnungsgemäß funktioniert, auf dem gewählten Server gespeichert.
Aber aus den vorhandenen Daten lassen sich auch kundenspezifische Nutzungsmuster und Vorlieben für bestimmte Angebote ablesen. Mit Hilfe dieses Wissens können Unternehmen Kunden automatisch auf bestimmte Seiten weiterleiten, die die - den vermuteten Präferenzen des Nutzers - entsprechenden Angebote enthalten.

(2) Cookies:
„Cookies" sind kleine Programme, die vom Server des Anbieters an Rechner geschickt werden, die diesen Server aufrufen. Danach werden sie auf dem Rechner des Nutzers gespeichert. Ruft der Nutzer später denselben Server erneut auf, werden sie an diesen

---

[30] Vgl. Köhler, M.; Arndt, H.-W.: Recht des Internet, a.a.O., S. 151 ff. Abs. 485-503
[31] Köhler, M.; Arndt, H.-W.: Recht des Internet, a.a.O., S. 151, Abs. 485

zurück übertragen. Diese Cookies enthalten meistens Daten über die bisherigen Zugriffe des Nutzers auf diesen Server, welche Angebote bisher aufgerufen wurden und ggf. die vereinbarten Zahlungsmodalitäten beim Abschluss von früheren Geschäften.

Browser können zwar so konfiguriert werden, dass sie Cookies prinzipiell ablehnen, allerdings können viele Seiten im Internet nur mit aktivierten Cookies aufgerufen werden. Außerdem sind Cookies bei den meisten Browsern standardmäßig eingestellt, sodass der technisch nicht versierte Nutzer also zunächst gar nichts davon weiß.

Internet-Anbieter haben damit also umfangreiche Möglichkeiten, persönliche Daten und Daten über das Nutzungsverhalten von (potentiellen) Kunden zu sammeln, ohne dass diese davon Kenntnis erlangen. Systematische Manipulationen des Kaufverhaltens können deshalb nicht mehr ausgeschlossen werden.

3.5.2 Die Gesetzeslage

Das Bundesdatenschutzgesetz (BDSG) kann auf diese Gefahren nicht zur Anwendung kommen, da darin nur staatliche Informationserhebung, -speicherung und -verarbeitung rechtlichen Regeln unterworfen wird. Im Internet drohen jedoch Gefahren für den Datenschutz nicht nur durch staatliche Einrichtungen, sondern insbes. durch private Unternehmen. Der Gesetzgeber hat auf die datenschutzrechtlichen Probleme in Verbindung mit Computernetzen reagiert und eine Reihe von Normen für den Datenschutz im Internet erlassen:

- das Informations- und Kommunikationsdienstgesetz (IuKDG) mit   dem Telekommunikationsgesetz (TKG) und dem Teledienstedatenschutzgesetz (TDDSG) sowie
- den Mediendienste-Staatsvertrag (MDStV).

Alle darin enthaltenen Regelungen gehen dem BDSG als Spezialgesetze vor. Falls bestimmte Probleme jedoch nicht durch sie geregelt werden, gilt ersatzweise das BDSG.

Die Vielzahl der anzuwendenden Gesetze ist einem effektiven Datenschutz im Internet allerdings nicht förderlich, oft steht sie ihm stattdessen im Weg.

Welche Regelung auf einen Onlinedienst anzuwenden ist abhängig von der Art der erbrachten Leistung. Das Teledienstegesetz (TDG) und damit - gemäß § 1 Abs. 1 TDDSG - auch das Teledienstedatenschutzgesetz (TDDSG) findet - nach § 2 Abs. 2 Nr. 3 TDG - insbesondere auf Angebote zur Nutzung des Internet oder anderer Netze Anwendung. In

§ 1 TDG wird allerdings nicht unmittelbar definiert, was unter dem Begriff "Nutzung des Internet" zu verstehen ist.

Für Telekommunikationsdienstleistungen (gemäß § 3 Nr. 18 TKG "das gewerbliche Angebot von Telekommunikation") und die geschäftsmäßige Erbringung dieser Leistungen gilt das Telekommunikationsgesetz (TKG). "Telekommunikation" ist in § 3 Nr. 16 TKG definiert als "der technische Vorgang des Aussendens, Übermittelns und Empfangens von Nachrichten jeglicher Art in Form von Zeichen, Sprache, Bildern oder Tönen mittels Telekommunikationsanlagen".

Der Begriff der *Telekommunikationsdienstleistungen* erfasst also nur die *Erbringung technischer Leistungen* als Grundlage der Kommunikation, der Begriff der *Teledienste* umfasst dagegen *nur inhaltliche Leistungen*.

Daraus folgt:

- Leistungen reiner Internetzugangs-Anbieter (sog. Access-Provider) sind Telekommunikationsdienstleistungen, es gilt das TKG;
- Leistungen von Inhaltsanbietern (sog. Content-Provider) sind Teledienste, es gilt das TDDSG.

Entscheidend für die Anwendbarkeit des jeweiligen Gesetzes ist allein die Art des erbrachten Dienstes, der Anbietertyp ist dabei irrelevant.

3.5.2.1 Telekommunikationsdienstleistungen

Bei der Erbringung von Telekommunikationsdienstleistungen ist die Regelung des § 89 Abs. 2 TKG anwendbar. Diese Regelung wird derzeit durch die *Telekommunikations-diensteunternehmen-Datenschutzverordnung* (TDSV) konkretisiert. Diese Verordnung wiederum soll jedoch durch eine *Telekommunikationsdatenschutzverordnung* ersetzt werden.

In den o.g. Verordnungen sind spezielle Regelungen für die Erhebung, Verwendung und Nutzung von Bestandsdaten (§ 89 Abs. 7 TKG, § 4 Abs. 3 TDSV), Abrechnungsdaten (§ 89 Abs. 2 TKG, § 6 TDSV) und Verbindungsdaten (§ 89 Abs. 2 TKG, § 5 TDSV) enthalten.

3.5.2.2 Tele- und Mediendienste

Für den Bereich der Teledienste ist die Rechtslage noch verworrener: Für diese Leistungen enthalten sowohl das TDG - und damit auch das TDDSG - als auch der Mediendienstestaatsvertrag (MDStV) datenschutzrechtliche Regelungen.

Das TDDSG soll (gemäß § 1 Abs. 1 TDDSG in Verbindung mit § 2 Abs. 1 TDG) auf Teledienste (d.h. IuK-Dienste für die individuelle Nutzung) angewendet werden.

Der MDStV dagegen, ist nur auf Mediendienste (gemäß § 2 Abs. 1 MDStV: an die Allgemeinheit gerichtete Inhaltsdienste) anwendbar.

Eine eindeutige Abgrenzung von Internetleistungen i.d.S. ist dabei jedoch nahezu ausgeschlossen. Wegen dieser offensichtlichen Abgrenzungsschwierigkeiten haben Bund und Länder versucht, die Regelungen des IuKDG und des MDStV weitestgehend anzugleichen.

In vielen Fällen ist es daher nicht von Belang, welche datenschutzrechtliche Regelung auf einen bestimmten Dienst anzuwenden ist.

Beide Regelungen enthalten ein *grundsätzliches Verbot der Datenerhebung, -verarbeitung und -speicherung personenbezogener Daten* (§ 3 Abs. 1 TDDSG, § 12 Abs. 2 MDStV).

Ausnahmen sind Fälle, in denen

- der Betroffene eingewilligt hat,
- die Datenerhebung, -verarbeitung und -speicherung personenbezogener Daten nach dem TDDSG und MDStV gestattet ist oder
- andere Rechtsvorschriften dies ausdrücklich erlauben.

Besondere Regelungen bestehen für Bestandsdaten (§ 5 TDDSG) sowie für Nutzungs- und Abrechnungsdaten (§ 6 TDDSG).

Bestandsdaten sind Daten, die zur Begründung, inhaltlichen Ausgestaltung oder Änderung eines Vertragverhältnisses (über die Nutzung von Telediensten) nötig sind. Eine Nutzung dieser Daten für Werbung oder Marktforschung ist lt. § 3 Abs. 7 TDDSG nur nach der Einwilligung des Betroffenen gestattet.

Nutzungsdaten sind personenbezogene Daten, die die Inanspruchnahme von Telediensten ermöglichen (§ 6 Abs. 1 TDDSG). Eine Erhebung dieser Daten ist ebenfalls nur unter engen Voraussetzungen erlaubt. § 6 Abs. 2 Nr. 1 TDDSG bestimmt, das Nutzungsdaten spätestens nach dem Ende der Nutzung wieder gelöscht werden müssen.

Eine Verarbeitungsmöglichkeit für Abrechnungsdaten ist in § 6 Abs. 2 Nr. 2 TDDSG geregelt.

Neben diesen Regelungen haben die Anbieter von Telediensten noch weitere Verpflichtungen: Das Anlegen von Nutzerprofilen – also eine Verknüpfung von Angaben über eine Person mit deren Surfverhalten – ist grundsätzlich untersagt (§ 4 Abs. 4 TDDSG bzw. § 13 Abs. 4 MDStV).

Jeder Nutzer hat das Recht, sämtliche über ihn beim Anbieter gespeicherten Daten einzusehen (§ 7 Abs. 1 TDDSG bzw. § 16 Abs. 1 Satz 1 MDStV). Dies kann auf Wunsch auch elektronisch erfolgen.

3.5.3 Stellungnahme

In der Praxis bestehen erhebliche Schwierigkeiten bei der Unterscheidung von Inhaltsangeboten einerseits und technischen Angeboten andererseits. Eine klare Trennung ist heute in vielen Bereichen nicht mehr möglich. Der Providermarkt entwickelt sich weg von den spezialisierten Providern hin zu Internet-Service-Providern, die die komplette Palette der Internetleistungen von der technischen Beschaffung bis hin zum Angebot inhaltlicher Leistungen bereitstellen.

Eine trennscharfe Unterteilung des Leistungsangebotes in Telekommunikations- und Teledienste ist heute ebenfalls kaum mehr möglich. Folglich können auch die Anwendungsbereiche der einzelnen Datenschutzregelungen nicht mehr zweifelsfrei bestimmt werden.

Für einen effektiven Datenschutz ist es jedoch zwingend erforderlich, dass Anbieter und Kunden erkennen können, welche Rechte und Pflichten sie haben.

Des Weiteren kommen zu diesen Anwendungsschwierigkeiten noch folgende Umsetzungsprobleme hinzu:

Die Möglichkeit der Kontrolle datenschutzrechtlicher Vorschriften ist von entscheidender Bedeutung für den Datenschutz (im Internet). Die veränderten technischen Möglichkeiten, die Digitalisierung von Leistungen und die zunehmende Internationalisierung von Leistungsangeboten lassen eine Kontrolle nur mit Hilfe der bisherigen Instrumentarien nicht mehr zu. Die Einhaltung der rechtlichen Regelungen zum Datenschutz ist demnach ausschließlich auf die Rechtstreue jedes Bürgers angewiesen. Deshalb ist es dringend erforderlich, über neue Konzepte zur Durchsetzung des Datenschutzes im Internet nachzudenken.

3.5.4 Effektivitätssteigerung des Datenschutzes

(1) Datenschutz-Audit:

Eine Möglichkeit zur Gewährleistung des Datenschutzes im Internet ist die Wahl eines *wettbewerbsorientierten Ansatzes.* Damit könnte man bei Unternehmen, die Online-Leistungen anbieten, ein wirtschaftliches Eigeninteresse an der Einhaltung datenschutzrechtlicher Vorschriften wecken.

Die Voraussetzungen zur Einführung solcher Ansätze sind z.z. günstig: Das Datenschutz- und Datensicherungsniveau im Internet ist in den Augen vieler Nutzer noch nicht hoch genug. Unternehmen, die diese Zweifel ausschalten, hätten damit entscheidende Wettbewerbsvorteile ggü. Unternehmen, die dazu nicht in der Lage sind.

§ 17 MDStV enthält für den Bereich der Mediendienste einen derartigen Ansatz: Es besteht die Möglichkeit, freiwillig sog. Datenschutz-Audits durchzuführen. D.h., Online-Anbieter können ihre Datenschutzkonzepte und technischen Einrichtungen von unabhängigen Dritten begutachten lassen, die Ergebnisse veröffentlichen und damit werben.

Wen es gelingt, in der Bevölkerung Vertrauen dafür zu schaffen (wie z.B. für TÜV-Siegel), dann könnte eine verbreitete freiwillige Einhaltung der Datenschutzvorschriften erreicht und folglich die Kontrollproblematik entschärft werden.

Daher sollte die Regelung des MDStV darüber hinaus unbedingt weiterverfolgt werden.

(2) Strafschadensersatzansprüche:

Ein *ordnungspolitischer Ansatz* orientiert sich am Rechtsgedanken der „punitive damages" (Schadensersatzansprüche, kurz: SEA). Bisher stellt ein Verstoß gegen datenschutzrechtliche Bestimmungen lediglich eine Ordnungswidrigkeit dar. Diese kann mit einem Ordnungsgeld von maximal 50.000 DM geahndet werden (§ 44 BGB). Der Betroffene hat gegen denjenigen, der die Verletzung gegen die datenschutzrechtlichen Vorschriften begangen hat, einen zivilrechtlichen SEA und kann gemäß § 812 BGB die Herausgabe der Vorteile, die der Verletzer dadurch erlangt hat, verlangen.

Diese Art und Höhe der Ahndung wirkt jedoch kaum abschreckend, denn die Umgehung der datenschutzrechtlichen Regelungen im Internet ist technisch problemlos möglich und läßt sich nur schwer aufdecken. Des Weiteren lassen sich durch den Verkauf oder die Verwendung für Werbezwecke von so gewonnenen Daten (z.B. durch Erstellung von Persönlichkeitsprofilen der Nutzer) hohe Gewinne erwirtschaften.

Daher ist zu überlegen, ob nicht durch die Androhung eines verhältnismäßig hohen Strafschadensersatzes eine bedeutend effektivere Einhaltung datenschutzrechtlicher Bestimmungen erzielt werden kann.

Der Verletzer könnte z.b. ein Strafgeld an eine Einrichtung, die die Einhaltung der Datenschutz-Regelungen im Internet überwacht, zahlen müssen.

Zusammenfassend ist zunächst feststellbar, dass die Kontrolle des Datenschutzes im Internet derzeit an ihre Grenzen stößt. Deshalb ist es an der Zeit, über neue gesetzliche Ansätze für einen effektiven Datenschutz nachzudenken. Eine Möglichkeit wäre die Kombination der beiden oben dargestellten Ansätze.

3.5.5 Grenzüberschreitender Datenschutz

Die datenschutzrechtlichen Probleme des Internet machen keinesfalls vor nationalstaatlichen Grenzen halt. Das deutsche BDSG ist nur anwendbar, wenn die datenverarbeitende Stelle ihren Sitz in der BRD hat. Von der EG wurde deshalb eine Datenschutz-Richtlinie (DSRL) verfasst, die (zumindest) auf europäischer Ebene zur Vereinheitlichung des Datenschutzrechts führen soll.

Die *„Richtlinie des Europäischen Parlaments und des Rates vom 24.10.1995 zum Schutz natürlicher Personen bei der Verarbeitung personenbezogener Daten und beim freien Datenverkehr"* vom 23.11.1995 bestimmt die Anwendbarkeit des dort kodifizierten Datenschutzrechts an jenem Ort, an welchem der Verantwortliche der Bearbeitung seinen Sitz oder eine Niederlassung hat (Art. 4 Abs.1 lit. a der RL).

Darüber hinaus soll die Richtlinie auch zur Anwendung kommen, wenn der Verantwortliche außerhalb der EU ansässig ist (Art. 4 Abs. 1 lit. c der RL), sofern er z.B. Terminals und Fragebögen innerhalb der EU einsetzt.

Das BDSG wird demnach also angewendet, wenn

- ein deutsches Unternehmen Daten im Ausland verarbeiten lässt,
- ein ausländisches Unternehmen in einer deutschen Niederlassung Daten verarbeitet,
- ein ausländisches Unternehmen Daten über deutsche Terminals verarbeiten lässt.

Infolge der RL wird nun an einer Novellierung des BDSG gearbeitet. Im aktuellen Entwurf sind Regelungen für den grenzüberschreitenden Datenverkehr in den §§ 4 b und c vorgesehen. Diese Regeln gehen auf die Art. 25 und 26 der EG-Datenschutz-Richtlinie zurück. Nach der Herstellung eines europäischen harmonisierten Datenschutzniveaus wird zukünftig die innergemeinschaftliche Datenübertragung nach den Bestimmungen der RL zulässig sein. Der Datenexport in Drittländer wird prinzipiell nur gestattet, soweit diese ein angemessenes Schutzniveau (i.S.d. § 4 b Abs. 2 des Entwurfs) gewährleisten. In andere Länder darf nur unter erschwerten Bedingungen Datenexport erfolgen.

4 Probleme in der Praxis

Im Jahr 2000 sind die erfassten Fälle von Computerbetrug um 25 % von 45359 auf 56684 gestiegen. „Über vier Fünftel der Fälle (...) entfielen auf Betrug mittels rechtswidrig erlangter Karten für Geldausgabe- und Kassenautomaten."[32] Ein Grund für die steigende Tendenz ist die zunehmende Anzahl der Online-Händler und deren Unwissenheit vor den Gefahren, die Ihnen im Internet begegnen und was sie dagegen unternehmen können.

Nachdem wir in Kapitel 2 und 3 den Bestellvorgang in seine Einzelteile zerlegt und die Grundlagen des Vertragsrechts erläutert haben, möchten wir jetzt die möglichen Störfaktoren analysieren. Die Lösungsansätze werden hier aufgeführt und später in Kapitel 5 ausführlich erläutert. Als Störfaktoren sehen wir die Effekte oder Handlungen, die das Unternehmen daran hindern, das Entgelt für gelieferten Waren und Dienstleistungen zu erhalten.

Nach einem online geschlossenem Vertrag treffen sich Kunde und Händler an der virtuellen Kasse und alles, was der Händler in der Hand hat, ist eine nachdrücklich geäußerte Zahlungsabsicht des Kunden auf die der Händler vertrauen muss. Während dem Kunden durch Verbraucherschutz weitgehende Rechte eingeräumt werden, muss sich der Händler selbst zu helfen wissen.

Was kann alles passieren?

4.1 Fehlerhafte Daten einer Bestellung

Die Daten, welche der Kunde bei seiner Bestellung eingibt, sind falsch. D.h. es liegt entweder ein Tippfehler vor, es wurden fiktive Daten verwendet oder es wurden Daten einer Person angegeben, die nichts mit der Bestellung zu tun hat. Diese drei Arten von Fehlern müssen unterschieden werden, da sie jeweils auf unterschiedlichen Motiven des Kunden basieren.

Ein Tippfehler kann jedem mal passieren, deshalb kann man dem Kunden hier kein böswilliges Motiv unterstellen. Trotzdem verursacht es Kosten für den Lieferanten, wenn die Waren an eine falsche Adresse (z.b. durch einen Zahlendreher in der Postleitzahl) versendet werden. Gibt der Kunde eine fiktive Adresse an, so liegt dies meist daran, dass Kunden nur die Funktionalität des Shops testen wollen. Hier und auch im letzten Fall, bei dem der Besteller vortäuscht eine andere Person zu sein, kann man davon ausgehen, dass mutwillig gehandelt wurde.

Wie kann man dem vorbeugen? Der einfachste und kostengünstigste Weg zur Minimierung solcher „Spaßbestellungen" und Fehllieferungen ist die Integration eines Adress-Verifizierungssystems. Hier wird geprüft ob die übermittelte Anschrift des Kunden existiert und gegebenenfalls ob die besagte Person auch dort gemeldet ist. Natürlich stellt diese Datenprüfung einen sehr hohen Aufwand für den Shop-Betreiber dar, jedoch haben sich im Laufe der Zeit Firmen darauf spezialisiert diese Prüfung vorzunehmen, so dass man sich diese Dienstleistung kaufen und in den Shop integrieren kann. Mit durchschnittlich 50 Pfennig pro Abfrage ist dies recht preisgünstig und eine gute Methode um Blindlieferungen zu minimieren[33]. Unternehmen, die diesen Service anbieten sind zum Beispiel Pago eTransaction Services mit „*pago-check*" oder auch WebTRADE.NET mit „*pay-on.net/avs*".

4.2 Die Zahlungsmoral der Kunden

Leider reichen die Plausibilitätsprüfungen nicht aus um alle Gefahrenquellen zu neutralisieren, denn sie überprüfen nur Fakten, jedoch über das wirkliche Motiv des Kunden geben sie keine Auskunft. Was wir nun benötigen, ist ein System, das uns darüber Auskunft gibt, welche Zahlungsmoral der Kunde besitzt.

Wie kann ein Unternehmen die Kunden mit guter Zahlungsmoral von denen mit schlechter Zahlungsmoral unterscheiden? Bonitätsprüfungen bieten hier Abhilfe. Hier holt sich das Unternehmen Informationen über den Geschäftspartner bei den großen Wirtschaftsauskünften wie Creditreform oder Schufa ein. Dadurch erhält der Shop-Betreiber eine größere Sicherheit, indem er den Kunden mit negativer Auskunft die Lieferung verweigert. Die Wirtschaftsauskünfte arbeiten mit Unternehmen, die Verbrauchern Kredite gewähren und sammeln Daten über Verbraucher mit negativer

---

[32] Vgl. Bundesministerium des Innern: „Polizeiliche Kriminalstatistik 2000" S. 40

[33] Vgl. Robben, M.: Bonus durch Bonitätsprüfung & Co.
http://www.ecin.de/zahlungssysteme/bonitaet/index.html; gelesen am: 24.05.2001

Bonität um Sie anderen Firmen, bei denen der Kunde erneut versuchen könnte auf Kredit zu kaufen, zur Verfügung stellen. Leider sind Bonitätsprüfungen auch teurer, so dass es sich erst ab einem Umsatz von über 100 DM lohnt den Kunden zu überprüfen[34]. Neben den großen Wirtschaftsauskünften gibt es auch kleinere Initiativen wie zum Beispiel www.shop-schuldner.de. Dies ist ein Verein, in dem man als Anbieter Mitglied werden kann und einerseits dazu beiträgt durch eigene Erfahrungen den Datenbestand an Personen oder Firmen mit schlechter Bonität aktuell zu halten und andererseits von den Informationen der anderen Mitglieder profitiert.

Weitere vereinfachte und auch billigere Methoden sind die Scoring-Verfahren. „Prognosen über das Zahlungs- und Kreditverhalten des Kunden lassen sich mit Hilfe wissenschaftlich anerkannter mathematisch-statistischer Analyseverfahren ermitteln. (...) Bei diesen Methoden schließt man aus Erfahrungswerten der Vergangenheit auf gleichartige Ereignisse in der Zukunft. (...) Für alle Personen, deren Daten gespeichert sind, berechnet die Schufa auf Wunsch ihrer Kunden einen Score, der von einer Reihe von Merkmalen abhängig ist. Entscheidend ist dabei die jeweilige Merkmalskombination, nicht ein einzelnes Merkmal."[35]

Mit dieser Information hat der Shop-Betreiber ein gutes Instrument in der Hand mit dem er seine Kunden einschätzen kann. Eine Garantie bieten Sie jedoch nicht.

4.3 Probleme & Risiken bei der Bezahlung

Erfolgt die Warenlieferung per Nachnahme bzw. nach vorheriger Überweisung des Rechnungsbetrages auf das Konto des Anbieters, so liegt es auch im Interesse des Kunden, dass Liefer- und Rechnungsanschrift korrekt angegeben wurden und alles reibungslos abgewickelt wird. Aus diesem Grunde sind bei diesen Zahlungsarten keine Schwierigkeiten zu erwarten. Dieser Vorteil gegenüber anderen Payment-Verfahren führte auch dazu, dass Nachnahme und Vorauskasse in der Mehrzahl der Online-Shops angeboten werden. Um diese beiden Zahlungsarten abzusichern sollte ein Adress-Verifizierungssystem ausreichen.

Die Nachteile liegen in einem erhöhten Aufwand (Kontrolle der Zahlungseingänge) und auch in Mehrkosten (Nachnahmegebühren des Logistikunternehmens). Diese Methode

---

[34] Vgl. Robben, M.: Bonus durch Bonitätsprüfung & Co.
  http://www.ecin.de/zahlungssysteme/bonitaet/index.html, gelesen am 24.05.2001
[35] Kaufhold, K.: SCHUFA-Scoringservice: Risikoprognose ein Blick in die Zukunft.
  http://www.schufa.de; gelesen am 24.05.2001

wirkt abschreckend für die meisten Kunden, da ihnen das Risiko übertragen wird, was wiederum ein Nachteil für den Anbieter ist, der nur diese Payment-Verfahren anbietet. Am höchsten in der Kundengunst steht die Lieferung auf Rechnung. Hier wird dem Kunden die Ware geliefert, er kann Sie überprüfen und dann entweder zurücksenden oder die Rechnung bezahlen. So sollte es ablaufen, die Realität hingegen sieht oft anders aus. Aus Kundensicht ist es verständlich, dass dieser zuerst die Ware sehen will, bevor er dafür zahlt, denn es gibt auch genug schwarze Schafe unter den Händlern.

Wie kann der Händler dem Kunden dieses beliebte Zahlungsmittel anbieten und sich trotzdem vor Ausfälle schützen. Antworten bietet das sogenannte Clearing. Eine Anbieter ist zum Beispiel die Iclear Handel im Internet AG. „Der Online-Käufer meldet sich einmalig bei Iclear an und erhält einen Iclear-Namen. Damit kauft der Kunde in allen Shops, die Rechnungskauf mit Iclear anbieten.“[36] Die Vorteile des Kunden sind folgende:

- er erhält die Ware und kann sie überprüfen bevor er zahlt
- er hat 14 Tage Zeit zu bezahlen.
- er geht keinerlei Risiko ein.

Auch der Händler profitiert klar von dieser Lösung:

- er kann seinem Kunden die Lieferung auf Rechnung anbieten und ist damit kundenfreundlicher
- das Risiko des Forderungsausfalls übernimmt Iclear.

Als Nachteil ist die Dauer zu nennen, die das Geld unterwegs zum Anbieter ist, denn Iclear bezahlt den Händler erst nach 17 Tagen, sodass dieser die Waren für den Zeitraum vorfinanzieren muss.

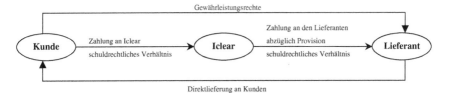

Abb. 2 : Geschäftsmodell bei Iclear

Für den Verbaucher ist Iclear kostenlos, der Händler dagegen bezahlt seine so gewonnenen Vorteile mit 2,5% des Bruttoumsatzes und 1 € pro gestellter Rechnung. Dabei wird online ein Dreieckgeschäft ähnlich der Konstellation eines Leasingvertrages abgeschlossen (siehe Abbildung 2). Iclear kauft die Waren aus dem Warenkorb des Kunden vom Hersteller und

---

[36] Holzer, P.: Fallstudie: Rechnungshüter im Internet; e-commerce-magazin; April 2001; S. 50-51

verkauft diese an den Kunden weiter, welcher natürlich bei Iclear registriert sein muss. Gewährleistungsansprüche tritt Iclear an den Kunden ab.[37] Das Rechnungsbetrag wird von Iclear per Lastschriftverfahren eingezogen.

Schwierig gestaltet sich die Sache, wenn der Shop-Betreiber Zahlungsvarianten wie Bankeinzug oder Kreditkartenzahlung anbietet. Hier sinkt die Wahrscheinlichkeit, dass der Verkäufer sein Geld sieht erheblich. Eine Lastschrift, die nicht unterschrieben wurde, kann auch noch lange Zeit, nachdem diese eingelöst wurde, bei der Bank durch den Kontoinhaber annulliert werden. Bei einer Lastschrift mit Unterschrift dagegen gibt es eine Frist von 6 Wochen.

Kreditkartenzahlung ist zwar einfach & bequem, jedoch kann diese ebenso annulliert werden, da der Händler keinen vom Kunden unterschriebenen Beleg vorweisen kann. In diesen Fall hat der Kunde die Ware und der Unternehmer seine offene Forderung. Um sein Geld zu erhalten muss er dem Kunden nachweisen, dass er die Bestellung aufgegeben und die Ware ordnungsgemäß erhalten hat. Die genaue Rechtslage wird in Abschnitt 5.5.4 erläutert. Folgende Betrugsvarianten sind hier besonders beliebt:

- Name und Adresse des Karteninhaber werden gegen eine andere ausgetauscht, wo die Ware später abgefangen wird
- Name des Karteninhabers wird beibehalten und die Ware an eine fremde Adresse umgeleitet.[38]

Neben den herkömmlichen Arten der Bezahlung, gibt es auch modernere Varianten, die entwickelt wurden um deren Nachteile zu beseitigen. Ein Beispiel ist SET (Secure Electronic Transaction) für sichere Kreditkartenzahlung im Internet, das von Eurocard/ Mastercard und Visa in Zusammenarbeit mit führenden Softwareherstellern wie IBM und Microsoft entwickelt wurde.[39] Nach den Angaben von Eurocard ist dies das sicherste Zahlungsmittel im Internet.[40]

Ein weiteres Beispiel ist Paybox, das eine Bezahlung über das Mobiltelefon ermöglicht. Der Vorteil hierbei ist, das der Kunde eindeutig über seine Telefonnummer identifiziert werden kann.

Als weitere Gruppe soll hier das Cyber-Geld genannt werden. Bei dieser Variante tauscht mal bei der Instanz, die diese Cyber-Währung verwaltet, Geldeinheiten, die auf dem Nutzer des Rechners gespeichert werden. Damit kann der Kunde bei Online-Kauf sofort

---

[37] Iclear Handel im Internet AG: Clearingvertrag. http://www.iclear.de, Datei: vertrag.pdf, gespeichert am 26.05.2001
[38] Vgl. Robben, M.: Bonus durch Bonitätsprüfung & Co. http://www.ecin.de/zahlungssysteme/bonitaet/index.html, gelesen am 24.05.2001
[39] EuroCard: Einkaufen im Netz. Aber mit Sicherheit. http://www.eurocard.de; gelesen am 25.05.2001
[40] EuroCard: SET™: Was ist das? http://www.eurocard.de; gelesen am 25.05.2001

bezahlen indem er das Geld dem Anbieter übersendet. Diese Methode ist jedoch nur für Online-Geschäfte geeignet, denn wenn der Kunde sofort bezahlt, will er auch sofort die „Ware" als Gegenleistung.

Ein System, das schon weit verbreitet ist, ist die Geldkarte einer sogenannten SmartCard. Das ist ein Chip der auf den meisten EC-Karten integriert ist und als „elektronisches Portemonnaie" dienen soll. Der Kunde kann es an speziellen Terminals auffüllen und unter der Bedingung, dass er ein Lesegerät an seinem Heim-PC besitzt, online damit bezahlen. Das Geld wird dabei beim Kunde ab- und beim Händler zugebucht.

Bisher hat sich von den neuen Technologien noch keine durchsetzen können, da die meisten Verbraucher diesen noch skeptisch gegenüber stehen, Anschaffungskosten anfallen und man noch nicht überall damit bezahlen kann. Dem Händler, der einen Online-Shop einrichten will, ist es zu empfehlen die Zahlungsabwicklung von einem spezialisierten Unternehmen durchführen zu lassen und sich vorher über die Risiken und Möglichkeiten zu erkundigen.

4.4   Der Kunde leugnet die Bestellung

Leugnet der Kunde seine Bestellung, so hat der Händler die Beweislast und muss dem Kunden nachweisen, dass er es war, der die Bestellung aufgegeben hat. Das kann er meist nur, wenn er ausreichend Schutzmechanismen eingebaut wurden. Laut einer Studie von Experian gaben zwei Drittel der 800 befragten Unternehmen an, einen Betrugsfall erst nach einem Monat zu bemerken. Deshalb ist es auch nicht verwunderlich, wenn die Täter das Unternehmen gleich mehrmals schädigen.[41]

Kann der Händler den Nachweis nicht erbringen, so muss er die Ware zurücknehmen und dem Kunden den Kaufpreis erstatten. Leider macht es bei Online-Geschäften und Dienstleistungen in den wenigsten Fällen einen Sinn diese zurückzunehmen.

Ein Lösungsansatz sind die Digitalen Signaturen. Die rechtlichen Rahmenbedingungen für digitale Signaturen wurden durch das am 1997 verkündete Signaturgesetz geschaffen und am 22.05.2001 durch ein neues Signaturgesetz ersetzt. „Zweck des Gesetzes ist es, Rahmenbedingungen für elektronische Signaturen zu schaffen."[42] (SigG §1 Abs. 1) Damit ist es möglich, eine mit digitaler Signatur versehene e-Mail eindeutig einer Person zuzuordnen.

---

[41] Vgl. Robben, M.: Bonus durch Bonitätsprüfung & Co.
   http://www.ecin.de/zahlungssysteme/bonitaet/index.html, gelesen am 24.05.2001
[42] Bundesgesetzblatt: Gesetz über Rahmenbedingungen für elektronische Signaturen und zur Änderung weiterer Vorschriften; Jahrgang 2001 Teil I Nr.22, ausgegeben zu Bonn am 21.05.2001, Seiten 876-884

Eine detaillierte Beschreibung zur Digitalen Signatur ist im Abschnitt 5.1 wiedergegeben. Des Weiteren führt jeder Internet-Webserver Statistiken über den Zugriff auf die bereitgestellten Dateien einer Webseite. Hierbei erhält man die IP-Adresse, Zeit, Name der abgerufenen Datei etc.. Die Möglichkeiten, die sich daraus bieten, werden in Abschnitt 5.3 erläutert.

4.5 Hinweise zur Homepagegestaltung

Die Gestaltung des Online-Angebotes spielt eine wichtige Rolle. Dabei müssen mehrere Gesetze zum Verbraucherschutz beachtet werden. Eine Nichtbeachtung könnte zum Beispiel dazu führen, das die AGB nicht Bestandteil des Online geschlossenen Vertrages sind.

Wie sollte ein Shop gestaltet sein um dem Verbraucherschutz gerecht zu werden? Der Shop sollte so übersichtlich und transparent wie möglich gestalten werden. D.h. alle Informationen des Unternehmen sollten ohne langes Suchen abrufbar sein. Dazu gehören zum Beispiel auch Umsatzsteuer-Identifikationsnummer, Handelsregisterauszug usw..

Des Weiteren müssen die AGB für den Nutzer in zumutbarer Art und Weise zugängig gemacht werden. Mehr zum Thema AGB gibt es in Abschnitt 5.2.

5 Lösungsansätze

5.1 Das Signaturgesetz

Eine Möglichkeit der Sicherung von Rechtsgeschäften im Internet ist die Digitale Signatur. Unter digitaler Signatur versteht man ein Zertifikat, welches die sichere Überprüfung der Identität des Absenders und die Authentizität und Integrität der Nachricht sicherstellt.

Es sollen dem Rechtsverkehr fälschungs- bzw. verfälschungssichere elektronische „Unterschriften" zur Verfügung gestellt werden, so dass der Aussteller eines elektronischen Dokuments nachweisbar identifiziert werden kann. Dazu wird jedem Benutzer ein sogenannter Signaturschlüssel zugeordnet, mit dem eine eindeutig identifizierende, digitale Unterschrift erzeugt werden kann. Mit Hilfe eines zugehörigen öffentlichen Schlüssels, der mit einem Signaturschlüssel-Zertifikat einer staatlich genehmigten Zertifizierungsstelle versehen ist, kann sodann die Echtheit und Unverfälschtheit dieser Unterschriften überprüft werden.[43]

Das kryptische Verfahren dieses digitalen Siegels hat zwei große Vorteile:

- Es kann nur von demjenigen erzeugt werden, der den Geheimschlüssel hat, quasi den digitalen Siegelring.

- Es besteht aus Bits und Bytes und wird untrennbar mit dem signierten Dokument verschmolzen.

Ein solches Dokument kann kopiert und online versandt werden; die Signatur bleibt sicher und nach dem heutigen Stand der Technik grundsätzlich fälschungssicher, soweit das überhaupt möglich ist.

5.1.1   Die Entwicklung und die gesetzliche Grundlage der digitalen Signatur in Deutschland und Europa

Die gesetzliche Grundlage für digitale Signaturen, also digitale Unterschriften schaffte zunächst das am 1. August 1997 in Deutschland eingeführte Gesetz zur digitalen Signatur, das im Rahmen des Informations- und Kommunikationsdienstegesetzes (sog. Multimediagesetz) verabschiedet wurde. Am 14.02.2001 beschloss der Bundestag eine Neufassung des Signaturgesetzes (SigG) und will damit die *„Europäische Richtlinie 99/93/EG über gemeinschaftliche Rahmenbedingungen für elektronische Signaturen"* (ABl. EG 2000 Nr. L13 S.2) umsetzten. Das neue Gesetz über Rahmenbedingungen für elektronische Signaturen regelt die Sicherheitsinfrastruktur für elektronische Signaturen und ist am 22. Mai 2001 in Kraft getreten.

Mit dem weiteren Begriff der „elektronischen" Signatur erfasst das Gesetz jegliche Signatur in elektronischer Form, die in Daten enthalten ist, Daten beigefügt wird oder logisch in sonstiger Weise mit Daten verknüpft ist, was schon deshalb zu begrüßen ist, da der Begriff dadurch auch für zukünftige technologische Entwicklungen offener ist.

Der Gesetzgeber unterscheidet zwischen „fortgeschrittenen" und „qualifizierten" elektronischen Signaturen, was sich in der Art ihrer Zertifizierung begründet. Die qualifizierte elektronische Signatur beruht auf einem im Zeitpunkt ihrer Erzeugung gültigen qualifizierten Zertifikat und wird mit einer sicheren Signaturerstellungseinheit erzeugt.

In Verbindung mit dem *„Gesetz zur Anpassung der Formvorschriften des Privatrechts und anderer Vorschriften an den modernen Rechtsverkehr"*, welches bereits in der

---

[43] Vgl. Schuhmacher, E.; Müller, A.: Ratgeber Rechts- und Vertragspraxis im E-Business, a.a.O., S. 49

parlamentarischen Beratung ist und bis zum Sommer 2001 in Kraft treten soll, ist zur Verbesserung der Rahmenbedingungen im elektronischen Geschäftsverkehr vor allem eine Gleichstellung der fortgeschrittenen elektronischen Signatur, die auf einem „qualifizierten elektronischen Zertifikat" beruht, mit einer handschriftlichen Unterschrift geregelt, sowie die Zulassung der elektronischen Signatur als Beweismittel in einem Gerichtsverfahren (Ausnahmebereiche: notarielle Beurkundung). Die Grundlage, dieses Vorhaben zu realisieren, schafft das neue Signaturgesetz. Damit erfüllen digitale Signaturen die Voraussetzungen der bürgerlich-rechtlichen Regelungen zur gesetzlichen Schriftform (§ 126 BGB). „Signaturschlüssel-Inhaber" können nach § 1 Abs. 9 SigG nur natürliche Personen sein.

Des Weiteren werden die grundsätzliche Zulassungsfreiheit der Zertifizierungsstellen, die Einführung eines Überwachungssystems, die internationale Anerkennung sowie die Haftungsverbindlichkeiten für den Zertifizierungsdienste-Anbieter (Trust-Center) geregelt. Ein Trust Center haftet gemäß Signaturgesetz für Schäden, die dadurch entstanden sind, dass ein Dritter auf sein Zertifikat vertraut hat.

Es sei darauf hingewiesen, dass der Zahlungsverkehr nicht mit elektronischen Signaturen abgewickelt werden kann. Dafür stehen Anwendungen, wie beispielsweise Secure Electronic Transaction (SET) (vgl. 5.5) zur Verfügung, die zwar auch Zertifikate verwenden, allerdings anders aufgebaut sind. Es wird lediglich eine Identifizierung der Vertragspartner erreicht.

5.1.2 Die internationale Anerkennung von digitalen Signaturen

Das Signaturgesetz soll zunächst für Deutschland gelten. Nach § 15 SigG gelten aber auch Signaturen aus einem EU-Staat in Deutschland als gleichwertig und besitzen somit volle Rechtsverbindlichkeit. Sofern es zwischenstaatliche Abkommen gibt, können auch digitale Signaturen aus anderen Staaten akzeptiert werden. Die Signaturen gelten allerdings nicht für Unterschriften (z.B. bei gesetzlich geforderter Schriftform), sondern nur für Signaturen. Das Gesetz will darunter einen Herkunftsnachweis verstanden wissen, sofern eine echte Unterschrift gefordert wird, reicht die Signatur nicht.

5.1.3 Missverständnisse und gesetzliche Tücken[44]

Trotz der gesetzlichen Anerkennung bringt die digitalen Signatur dem Online-Geschäftsverkehr unter Umständen nicht die erhoffte Rechtssicherheit. Dies liegt nicht an der Signatur oder ihrer Technik, sondern an den Eigenheiten ihrer gesetzlichen Regelungen und der Tatsache, dass sich auch mit der besten Technik nicht alle Risiken vermeiden lassen und letztlich jemand dafür einstehen muss.

5.1.3.1 Keine volle Gleichbehandlung

Anders als eine persönliche Unterschrift, ist eine digitale Signatur faktisch übertragbar, weil alles, was es zu deren Erzeugung braucht - der private Schlüssel - eine Zahlenkombination ist. Der Inhaber wird diesen zwar geheim halten, er kann aber von einem Dritten benutzt werden - was der Empfänger der Signatur nicht ansieht - und so einen Fall von Stellvertretung hervorrufen. Der Signierer verpflichtet sich nicht selbst, sondern denjenigen, dem die Signatur gehört und der für den Vertragspartner ersichtlich ist. Diese Stellvertretungsfälle werden grundsätzlich anders behandelt (siehe BGB, HGB), als Fälle in denen der Unterzeichnende persönlich handschriftlich mit der Unterschrift signiert.

Bei einer persönlichen Unterschrift gibt es keine Rückzugsmöglichkeit des Signierers, weil eine Unterschrift durch Dritte nur durch Fälschung möglich wäre. Im Bereich der digitalen Signaturen wird dagegen kann „erschlichen" (Zertifikat), „gestohlen" (Geheimschlüssel) oder „geknackt" (Zugriffsschutz) werden.

Als Ausgleich sieht das Signaturgesetz eine Haftung vor, sollte der Signaturinhaber seinen Geheimschlüssel nicht gut genug geschützt haben.

5.1.3.2 Konsumenten signieren nicht

Die meisten für eine rein elektronische Online-Abwicklung relevanten Geschäfte können rechtsgültig online vereinbart werden. Ebenso lassen sich digitale Signaturen rechts-verbindlich einsetzen, falls die Parteien dies so vereinbart haben (z.B. beim Internet-Banking oder bei B2B-Transaktionen). Der Konsument wird jedoch vorerst keine

---

[44] Vgl. lic. jur. Rosenthal, D.: Dig. Signaturen: von Mißverständnissen und gesetzlichen Tücken. http://www.weblaw.ch vom 14.04.2001

gesetzlich anerkannte Signatur zum Online-Einkauf einsetzen. Er hat dadurch nur Nachteile, weil er dabei ein zusätzliches Haftungsrisiko eingeht.

5.2   Die Einbeziehung Allgemeiner Geschäftsbedingungen[45]

Im Online - Rechtsverkehr müssen die mit Allgemeinen Geschäftsbedingungen (AGB) verbundenen Rechtsfragen besonders problematisch angesehen werden. Das AGB-Gesetz (AGBG) regelt die Verwendung von Allgemeinen Geschäftsbedingungen und sieht gegenüber den Nicht-Kaufleuten in § 2 Abs. 1 AGBG vor, dass Allgemeine Geschäftsbedingungen nur dann Bestandteil eines Vertrages werden, wenn der Unternehmer als Verwender bei Vertragsabschluss den Kunden ausdrücklich auf sie hinweist und dem Kunden die Möglichkeit verschafft, in zumutbarer Weise von ihrem vollständigen Inhalt Kenntnis zu nehmen und der Kunde mit ihrer Geltung einverstanden ist. Bei Verträgen mit Personen, die im Rahmen ihrer gewerblichen oder selbständigen beruflichen Tätigkeit auftreten, besteht dieses Erfordernis demgegenüber nicht. Auch hierbei ist es jedoch erforderlich, dass der Verwender erkennbar auf seine Allgemeinen Geschäftsbedingungen verweist und der Vertragspartner ihrer Geltung nicht widerspricht (BGHZ 117,194).[46]

Die Allgemeinen Geschäftsbedingungen müssen gemäß § 1 Abs. 1 Nr. 2 AGBG schriftlich formuliert werden.

Liegen die genannten Voraussetzungen für wirksame Einbeziehung der Allgemeinen Geschäftsbedingungen in den Vertrag nicht vor, dann kommt der Vertrag zwar zustande, die AGB werden aber nicht Vertragsbestandteil.

Es ist zu beachten, dass die Beweislast, dafür, dass und mit welchem Inhalt Allgemeine Geschäftsbedingungen Bestandteil der vertraglichen Beziehungen zwischen den Parteien geworden sind, immer derjenige trägt, der sich auf diese Bedingungen beruft. Insoweit besteht zunächst die gleiche Problematik wie beim Zugang elektronischer Willenserklärungen[47] (vgl. 2.2.5).

Der oben genannte, in § 2 Abs. 1 Nr. 1 AGBG geregelte, ausdrückliche Hinweis muss so angeordnet und gestaltet sein, dass er von einem Durchschnittskunden auch bei flüchtiger Betrachtung nicht übersehen werden kann. Ein Hinweis auf der Homepage oder im Menü genügt nicht. Für den Kunden muss weiterhin in eindeutiger Weise zum Ausdruck

---

[45] Vgl. Eichhorn, B.: Internet-Recht, a.a.O., S. 75 f.
[46] Vgl. Schuhmacher, E.; Müller, A.: Ratgeber Rechts- und Vertragspraxis im E-Business, a.a.O., S. 46 f.
[47] Vgl. Schuhmacher, E.; Müller, A.: Ratgeber Rechts- und Vertragspraxis im E-Business, a.a.O., S. 46 f.

gebracht werden, welche Klauseln Vertragsinhalt werden sollen und dass der Unternehmer den Vertrag auf Grundlage der Allgemeinen Geschäftsbedingungen schließen will.

Auf die AGB-Klauseln, welche Vertragsinhalt werden sollen, kann der Unternehmer auf verschiedenen Wegen hinweisen:

- Voranstellen des entsprechenden AGB-Textes auf der Bestellseite, so dass der Kunde ihn zwangsweise über den Bildschirm laufen lassen muss.

- Ausdrücklicher Hinweis vor dem Bestell-Icon oder Integration auf dem Bestellformular, dass der Vertrag auf Grundlage der AGB geschlossen werden soll.

Die in § 2 Abs. 1 Nr. 2 AGBG geregelte Möglichkeit zumutbarer Kenntnisnahme setzt voraus, dass der Kunde die Allgemeinen Geschäftsbedingungen bei Abgabe seiner Willenserklärung tatsächlich einsehen kann. Dabei sind zur Gewährleistung der Zumutbarkeit einige formale Kriterien zu beachten:

- Die Allgemeinen Geschäftsbedingungen müssen optisch gut wahrnehmbar auf dem Bildschirm lesbar sein und sollten übersichtlich und klar gegliedert werden.

- Ihre Länge muss im Verhältnis zur Bedeutung des Geschäftes einen vertretbaren Umfang haben.

Als weitere wichtige Voraussetzung für die wirksame Einbeziehung muss der Kunde sein Einverständnis mit der Geltung der Allgemeinen Geschäftsbedingungen zum Ausdruck bringen.

Dies erfolgt durch „Absenden" des Bestellformulars an den Unternehmer als Verwender der Allgemeinen Geschäftsbedingungen.

Im praktischen Anwendungsfall können folgende Richtwerte gelten:

(1) Ausdrücklicher Hinweis:

Der Text der Allgemeinen Geschäftsbedingungen sollte auf der Bestellseite vor dem Bestellformular eingefügt und das Durchscrollen der Allgemeinen Geschäftsbedingungen erzwungen (empfohlen) werden oder es sollte zumindest ein deutlich als Hyperlink / Icon gestalteter Hinweis „Es gelten unsere Allgemeinen Geschäftsbedingungen" zum Aufruf der AGB eingefügt werden.

(2) Zumutbare Kenntnisnahme:

Die Allgemeinen Geschäftsbedingungen sollten gut lesbar (beachte Schriftart und –größe) und nicht länger als zwei Seiten sein. Es dürfen keine Formulierungen verwendet werden, die nur der Jurist versteht.

(3) Einverständnis des Nutzers mit der Geltung der AGB (§ 2 Abs. 1 AGBG):

Eine Bestätigung der Kenntnisnahme bzw. Einverständnis mit der Geltung der Allgemeinen Geschäftsbedingungen sollten durch mindestens zweimaliges Drücken der Return-Taste (kein routinemäßiges Durchführen weiterer technischer Schritte, sondern Bewusstmachung etwas rechtlich bedeutsames zu erklären) vorgesehen werden.[48]

Zu beachten ist jedoch, dass teilweise sogar die Auffassung vertreten wird, aufgrund der jederzeitigen Abänderbarkeit elektronischer Allgemeinen Geschäftsbedingungen könnten Allgemeine Geschäftsbedingungen auf diesem Wege überhaupt nicht wirksam vereinbart werden. Eine nennenswerte Rechtsprechung zu diesen Fragen existiert bis dato noch nicht.[49]

5.3   Logfiles

Eine Möglichkeit der Identifizierung oder zumindest der Sammlung von Hinweisen zur Identität eines Nutzers stellt die Analyse von Webserver-Logfiles dar. Durch einen Eintrag in einem Logfile können unterschiedliche Informationen über den Besucher der Webseite ermittelt werden.

Ein Logfile im NCSA-Format enthält die folgenden Informationen:[50]

- IP-Adresse bzw. Name des Clients, der auf die Webseite zugegriffen hat.
  Bei vielen Internet Service Providern wird dem Rechner des Nutzers bei jeder Einwahl eine dynamische IP-Adresse und ein dynamischer Hostname zugeteilt. In diesem Fall kann höchstens der Provider ermittelt werden, der Benutzer bleibt gegenüber dem Webserver des Händlers anonym. Anhand der Top-Level-Domain sind auch Rückschlüsse auf eventuelle Zugriffe aus anderen Ländern möglich.

- Die Angabe des Login-Namens des Users beim Provider; er ist allerdings meistens nicht gesetzt.

---

[48] Vgl. Schuhmacher, E.; Müller, A.: Ratgeber Rechts- und Vertragspraxis im E-Business, a.a.O., S. 46 f.
[49] Vgl. Schuhmacher, E.; Müller, A.: Ratgeber Rechts- und Vertragspraxis im E-Business, a.a.O., S. 46 f.

- Die Angaben über Datum und Uhrzeit des Zugriffs sowie Abweichung gegenüber der Greenwich Mean Time. Dabei wird die Systemzeit des Servers zugrunde gelegt.

- Es wird protokolliert, welche Dateien angefordert und an den Server gesandt wurden, außerdem wird die verwendete HTTP-Protokollversion angegeben sowie vermerkt, ob   die Datei erfolgreich versandt wurde.

- Über den Referer wird über die Herkunft des Users, das heißt die zuletzt besuchte Seite, Auskunft gegeben. Diese Information wird aber von vielen Surfern mit Hilfsprogrammen unterdrückt.

In der Praxis besteht daher selten die Möglichkeit die Identität des Nutzers über die Logfiles des Servers herauszufinden. Es ist meist unmöglich dynamisch vergebene IP-Adressen bestimmten Personen zuzuordnen, zumal viele Internet Service Provider die Informationen zur Identität ihrer Kunden nicht abspeichern.

Die Frage ob und wie auf die Daten zugegriffen werden kann regelt der verfassungs-rechtlich umstrittene Paragraph 12 d Fernmeldeanlagengesetz. Er ermöglicht der Staats-anwaltschaft Bestands- und Verbindungsdaten bei Internetbetreibern abrufen zu können, die Datenspeicherfrist ist jedoch nicht gesetzlich festgelegt.

5.4   Risiko-Management-Systeme[51]

Eine vorbeugende Variante zur Beseitigung der Unsicherheiten zu Identität, Bonität und Zuverlässigkeit der Geschäftspartner im virtuellen Raum stellen den Online-Händlern die Serviceangebote von Risiko-Management-Systemen (RMS) zur Verfügung. Die Angebote reichen von einer reinen Adressüberprüfung bis hin zur treuhänderischen Abwicklung von Kauf- und Lieferprozessen bei Online-Auktionshäusern.

Die RMS sind in der Lage innerhalb von 4 bis 20 Sekunden anhand der vorgelegten Daten die Bonität des Kunden zu überprüfen. Dabei werden meist die Datenbanken von Wirtschaftsauskunfteien wie Creditreform (www.creditreform.de) oder Bürgel (www.buergel.de) zu Rate gezogen.

In deren Datenbanken befindet sich eine Punktematrix, die das aktuelle und vermutete künftige Zahlungsverhalten von Personengruppen bewertet. Vermieden werden kann jedoch nicht der Fall des Betruges, insbesondere wenn Betrüger falsche Namen verwenden.

[50] Vgl. Aufbau eines Logfiles. http://www.schneegans.de/logfiles/aufbau.html 20.05.2001
[51] Vgl. Sperlich, T.: Keine offenen Rechnungen. In: <e>MARKET 18/01, S. 46 ff.

Ein weiteres praktisches Problem sind die Überprüfungskosten. Da eine Anfrage je nach Anbieter mindestens 60 Pfennige kostet, lohnt es sich bei Bestellungen mit niedrigem Bestellwert ohnehin nicht, die Zahlungsfähigkeit des Kunden zu überprüfen.

Da ein Cyber-Dieb sich die erschwindelte Ware kaum an seine richtige Adresse schicken lassen wird, wirkt eine Abgleichung mit einem öffentlichen Adressregister ebenfalls stark vorbeugend und reduziert dadurch die Zahl der Retouren. Dieser Adresscheck setzt sich zusammen aus einer Plausibilitätsprüfung der Adresse und Idealerweise einer Überprüfung, ob der Besteller tatsächlich dort wohnt (diesen Service bieten kombiniert oder auch modular z.b. Experian, Pago oder die Deutsche Post eCommerce Services an).

5.5 Rechtliche Einordnung von Zahlungssystemen im E-Business

Zur Zahlung im Internet kommen verschiedene Verfahren in Betracht. Die vorherrschenden Systeme sind jedoch entweder benutzerunfreundlich oder zu unsicher. Besonders die Vielzahl der möglichen Bezahlsysteme im Web stiftet eher Verwirrung und Verbraucher halten sich daher lieber an Bekanntes aus der „alten Welt".

5.5.1 Nachnahme, Vorauskasse, Rechnung

Nach Schätzungen des Arbeitskreises E-Payment des Förderkreises Internet-Wirtschaft München (www.fiwm.de) entfallen derzeit 75 Prozent der Online-Umsätze im B2C-Bereich auf die althergebrachten Zahlungsmethoden Nachnahme, Vorauskasse und Rechnung.

Die Nachnahme wird vor allem bei Erstbestellungen angewendet. Dennoch kann dem Klassiker keine Perspektive vorausgesagt werden, denn er hat zwei Nachteile: einen hohen Gebührensatz und den Zwang für den Empfänger, die Ware persönlich in Empfang zu nehmen. Dennoch bleibt die Sicherheit für den Händler, entweder den Rechnungsbetrag oder die Ware zurück zu bekommen.

Nachteile für den Kunden:

- Er kann die Ware erst nach der Bezahlung prüfen und
- es werden Gebühren fällig.

Das gleiche Problem stellt sich für den Kunden bei der Vorauskasse, für den Händler wäre dieses Verfahren aber optimal.

Die Zahlung per Rechnung ist im B2B-Bereich eine beliebte Methode, im klassischen B2C jedoch ungeeignet, da aus Händlersicht eine hohe Zahlungsunsicherheit besonders bei Neukunden besteht.

5.5.2 Das Lastschriftverfahren

Die Lastschrift als Zahlungsverfahren hat den Vorteil, dass der Händler den Rechnungsbetrag direkt beim Kundenkonto abbuchen kann und keine zusätzlichen Gebühren entfallen. Die vordergründig ideale Abbuchung hat allerdings ebenfalls deutliche Nachteile. Die Identifikation des Nutzers als der tatsächliche Inhaber des Kontos ist beim Lastschriftverfahren noch schwieriger als etwa bei der Kreditkarte, da es für Betrüger sehr viel einfacher ist, an eine fremde Bankverbindung zu gelangen, als an eine fremde Kreditkartennummer. Weiterhin ist streng genommen die Abbuchung per Lastschrift rechtlich noch nicht abgesichert, denn der Händler bräuchte eigentlich die Unterschrift des Kunden. Das Lastschriftverfahren bringt obendrein keine Zahlungsgarantie und Online-Händler müssen aufwendige Bewertungssysteme einsetzen, um die Bonität Ihres Online-Kunden (vgl. 5.4) zu prüfen. Letztlich ist das elektronische Lastschriftverfahren ein rein nationaler Standard, der für den internationalen Einsatz ungeeignet ist.

5.5.3 Geldkarte und Bezahlen mit dem Handy (Bsp. Paybox)[52]

Systeme, wie die Geldkarte oder Paybox spielen im Internet noch keine Rolle. Obwohl Geldkartenlesegeräte im Handel zu erschwinglichen Preisen erhältlich sind und das Begleichen von Beträgen bis 400 Mark sicher und einfach unterstützt wird, sind diese Systeme beim Online-Kunden kaum verbreitet.
Das tragbare Telefon hat allerdings einen großen Vorteil: es identifiziert seinen Nutzer. Stimmen Rufnummer und zusätzlich verliehene PIN, können Händler und Payment-Dienstleister davon ausgehen, dass ein Online-Kunde der ist, für den er sich ausgibt. Das Handy ist dabei Ersatz für eine digitale Signatur. Der Dienstleister für mobiles Bezahlverfahren identifiziert für die Finanzdienstleister den Kunden, garantiert dem Händlern jedoch keine Zahlung (dazu bräuchten sie eine Bankenlizenz).

---

[52] Vgl. Weiland, H.: Viel Kredit verspielt. In: <e>MARKET 17/01, S 50 ff. ;
Vgl. Weiland, H.: Methode mit Verfallsdatum. In: <e>MARKET 20/01, S. 46 ff.

5.5.4 Kreditkarte[53]

Ein häufig verwendetes Zahlungsmittel bei Internet-Geschäften ist die Kreditkarte, deshalb soll zunächst auf die Risikoverteilung zwischen Gläubiger und Schuldner bei der Verwendung von Kreditkarten im Internet eingegangen werden.

Eine Zahlung per Kreditkarte kann die Bargeldfunktion nur erfüllen, wenn der Akzeptant (Händler) eine vergleichbar sichere Position erhält wie bei der Annahme von Bargeld. Das ist nur der Fall, wenn gegenüber dem Akzeptanten eine abstrakte Verbindlichkeit begründet wird, wie die Garantiezusage bzw. das Schuldversprechen gemäß § 780 BGB. Die Begründung einer solchen Zahlungsverpflichtung im Einzelfall ist nach den jeweiligen Ausstellerbedingungen, dass dem Händler keine Sperrmitteilung vorliegt, ein ordnungsgemäßer Beleg ausgefüllt und unterschrieben ist, die Unterschrift mit der auf der Karte übereinstimmt und keine sonstigen Verdachtsmomente gegeben sind.

Beim Online-Verkehr stellt sich dann die Frage, ob es spezifische Vereinbarungen zwischen Kartenaussteller und Vertragsunternehmen hinsichtlich des Fehlens der Unterschrift gibt. Bestehen insofern keine spezifischen Vertragsbedingungen und fehlt, wie beim Online-Verkehr nicht anders möglich, die Unterschrift des Kunden, so ist die Zahlungspflicht des Ausstellers nicht begründbar. Bisher geschieht die Akzeptanz einer Karte ohne Vorlage und Belegunterzeichnung, wie insbesondere bei bloß telefonischer Übermittlung der Karteninformationen oder bei der bisher oft üblichen ungesicherten Übermittlung (häufig kein 128 Bit Verschlüsselungsverfahren) über das Internet auf alleiniges Risiko des Vertragshändlers.

Auch den Kunden trifft im Falle der missbräuchlichen Verwendung seiner Kreditkartendaten bei Zahlungsvorgängen im Internet praktisch kein Haftungsrisiko. Ein Aufwendungserstattungsanspruch des Kartenausstellers besteht bei der missbräuchlichen Verwendung durch nichtberechtigte Dritte nicht. Auch eine Schadensersatzhaftung hat der Karteninhaber kaum zu befürchten. Insbesondere die ungesicherte Eingabe der eigenen Daten begründet trotz der Gefahr, dass Dritte diese Daten abfangen und im Anschluss missbräuchlich verwenden, keine Sorgfaltspflichtverletzung. In den einzelnen, durch die Kreditkarte vermittelten Zahlungsvorgängen liegt jeweils eine Einzelanweisung des Kunden auf der Grundlage der §§ 665 und 675 BGB mit dem Inhalt, die konkret begründete Verbindlichkeit gegenüber dem Händler zu tilgen. Erfolgt die Tilgung im Vollzugsverhältnis zwischen Händler und Aussteller, hat der Aussteller einen

---

[53] Vgl. Prof. Ensthaler, J.; In: Gora, W.; Mann, E. (Hrsg.), a.a.O., S. 105 ff.

Anwendungsersatzanspruch gemäß §§ 675, 670 BGB gegen den Kunden. Daran fehlt es, wenn ein nichtberechtigter Dritter die Kreditkarte oder die Kreditkartendaten missbräuchlich verwendet. Die Beweislast für das Vorliegen einer Weisung des Karteninhabers liegt beim Aussteller der Karte. Eine diesbezügliche Beweislastumkehr wäre nach § 11 Nr. 15 AGBG unwirksam. Dies gilt insbesondere für den unterschriftslosen beziehungsweise beleglosen Einsatz der Kreditkarte durch bloße Übermittlung von Kreditkartennummer und Verfallsdatum bei Kauf im Internet.

Das Risiko einer fehlenden Weisung und damit das Missbrauchsrisiko trägt also im Verhältnis zum Kunden grundsätzlich der Aussteller der Kreditkarte. Eine generelle Abwälzung dieses Missbrauchsrisikos auf den Karteninhaber muss an § 9 Abs. 1 AGBG scheitern. Liegt eine Weisung vor, spielt es indes keine Rolle, ob diese durch einen unterschriebenen Belastungsbeleg schriftlich oder in sonstiger Form (mündlich oder elektronisch) erteilt wurde. Bedeutung hat die Form der Weisungserteilung aber für die Beweissituation des Ausstellers, weil eine Weisung des Kunden beim Fehlen eines unterschriebenen Belastungsbelegs bisher kaum nachweisbar sein dürfte.

Bei fehlender Weisung gemäß §§ 665 und 675 BGB kommt somit kein Aufwendungs-ersatz-, sondern allenfalls ein Schadensersatzanspruch des Kartenausstellers gegen den Kunden in Betracht. Dieser setzt aber ein Verschulden seitens des Kunden voraus, das wiederum der Aussteller beweisen muss. Eine verschuldensunabhängige Überwälzung des Missbrauchsrisikos auf den Kunden ist unzulässig. Dies gilt insbesondere im beleglosen Verfahren.

Fazit: Die Kreditkarte bietet dank möglicher 128 Bit-SSL-Verschlüsselungsverfahren eine hohe Sicherheit. Plausibilitätsprüfungen der Kreditkartendaten gewähren eine weitere Vorbeugung vor Falschangaben von Betrügern, dennoch bleibt die offene Kreditkartenzahlung mit einem Vertrauensmalus behaftet, da immer Restrisiken beim Kunden und beim Händler, sensible Daten über das Netz weiterzugeben bzw. gestohlene oder falsche Daten zu erhalten, bestehen.

Außerdem besitzen nur 47 % der Internet-Nutzer eine Kreditkarte und 30 % von ihnen wollen Erhebungen zufolge auch in Zukunft deren Einsatz im Netz verweigern. Daher wird bei diesem Zahlungsverfahren nur ein geringes Wachstum möglich sein.

5.5.5 SET[54]

Ein komplexes aber sehr sicheres Verfahren ist das von einem Konsortium, bestehend aus IBM, Visa, American Express und Mastercard, entwickelte Verfahren SET (Secure Electronic Transaction).

Das Prinzip ist einfach: Der Käufer erhält eine persönliche Identifizierung, die statt der Kreditkartennummer online übertragen wird. Der Händler rechnet mit der Kartenfirma ab, die Kartenfirma mit dem Kunden.

Der Vorteil von SET besteht darin, dass die Kreditkartennummern nicht mehr sichtbar über das Netz geschickt werden; Server werden als Zwischenstufe zwischen Händler und Banken geschaltet. Der Auftrag wird elektronisch unterschrieben und an den Händler geschickt. Der Händler fügt dann seine eigenen Daten hinzu und dieser ganze Datensatz wird dann an die Bank des Händlers geschickt, die die entsprechenden Daten entschlüsselt. Der Händler bekommt die Kartennummer nie zu Gesicht.

Die Bank erhält vom SET-Server die notwendigen Schlüsselinformationen des Käufers, z.B. seine Kreditkartennummer, und kann die weiteren Schritte veranlassen. Wenn insofern das Identitäts- und Autorisationsproblem gelöst ist, handelt es sich bei SET nicht um ein neues Zahlungsmittel, sondern vielmehr um eine Kreditkartenzahlung im herkömmlichen Sinne. Durch die bessere Verschlüsselung der Daten und durch die elektronische Unterschrift wird erreicht, dass ein Kartenzahlungsprozess so verläuft, wie er sich in einem Ladengeschäft vollzieht. Rechtlich bedeutet dies, dass die Situation ähnlich wie bei der Verwendung einer Kreditkarte mit PIN ist. Das Karteninstitut hat zwar keinen Aufwendungsersatzanspruch gemäß § 670 und § 675 BGB, der Kartenkunde schuldet aber Schadensersatz aus positiver Vertragsverletzung, soweit er seine Sorgfaltspflichten im Umgang mit der Karte verletzt hat. Wenn der Kunde einen Missbrauch seiner Karte durch Dritte vorträgt, hängt es wiederum ganz wesentlich von der Frage der Beweislast ab, wer letztlich mit dem Betrag belastet wird, der Kunde oder das Kartenunternehmen. Vertritt man wegen der großen Sicherheit der Verschlüsselung der Daten die Auffassung, dass ein Missbrauch nicht denkbar ist, so muss der Kunden den Beweis dafür antreten, dass er hier ausnahmsweise doch vorlag.

Bisher hat dieses neue Verfahren aber Akzeptanzprobleme: zu wenig Shops nutzen SET und zu wenig Benutzer beantragen umständlich ein Zertifikat und laden sich zusätzlich eine Software herunter.

---

[54] Vgl. Prof. Ensthaler, J.; In: Gora, W.; Mann, E. (Hrsg.), a.a.O., S. 10 ff.

Trotzdem steht SET eventuell vor einer großen Renaissance. VISA International wird zum 01.06.2001 den sogenannten Liability Shift einführen. Damit befreit sich der Kreditkartenvertreiber von den vom Kunden rückgängig gemachten Zahlungen, denn VISA wird die Verantwortung für den Schadensausfall nicht mehr übernehmen, sondern der Bank (Akquirierer) anlasten, die den Händler akquiriert hat. Das bedeutet in der Folge: Der Akquirierer wird von seinen Händlern verlangen, SET zu nutzen und der Kartenherausgeber (Issuer) wird seine Kunden drängen, sich mit SET zertifizieren zu lassen. Damit steigt die Zahl der Shops und der zertifizierten authentifizierbaren Benutzer. SET wird es als Browser-only-Version geben, die in einem 30 KB großen downloadbaren Plugin enthalten ist. Das Zertifikat also die Identifikation des Nutzers liegt nicht mehr auf dem PC, sondern auf einem dritten Server, dem des Kreditkartenanbieters. Damit kann der Nutzer sein SET-Zertifikat von jedem Internet-Anschluss weltweit erreichen.

Bei SET ist also das Risiko des Drittmissbrauchs gewöhnlich nicht vorhanden, denn SET dient gerade dem Nachweis der Identität und der Berechtigung des Karteninhabers und soll einen Missbrauch der Karte durch Dritte ausschließen.

Obwohl dieses Verfahren sehr bequem und sicher für alle Vertragsseiten ist, das Problem der Abneigung zur Kreditkartenzahlung und der mittleren Verbreitung von Kreditkarten bleibt trotzdem bestehen.[55]

---

[55] Vgl. Weiland, H.: Viel Kredit verspielt. In: <e>MARKET 17/01, S. 50 ff.

5.5.6 Überblick: Die wichtigsten Anforderungen an Online-Payment-Systeme

| Händler-Anforderungen | Kunden-Anforderungen |

Datensicherheit

	Zahlungsgarantie	
Minimierung von	Authentifizierbarkeit	Authentifizierbarkeit des Händlers vs.
Zahlungsausfällen	Nichtabstreitbarkeit	Anonymität des Kunden
	Bonitätsprüfung	

Bequemlichkeit für Händler   Bequemlichkeit für Kunden

Verbreitung bei Kunden   Verbreitung bei Händlern

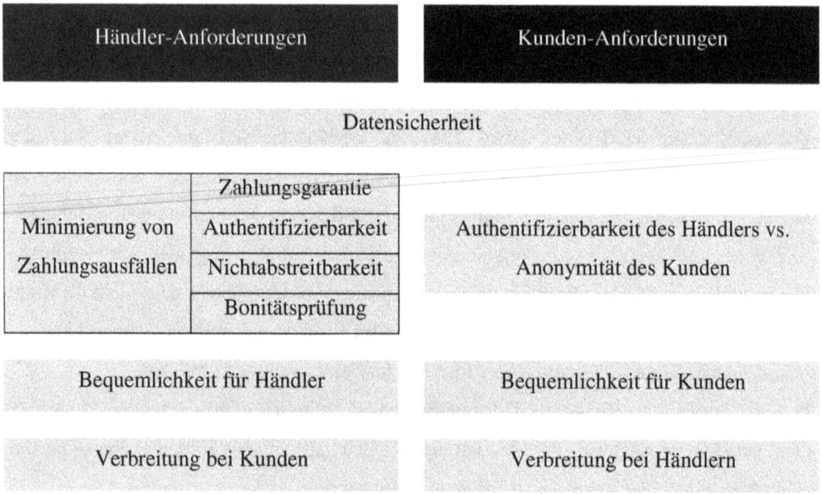

Abb. 3: Anforderungen an Online-Payment-Systeme
(Quelle: Berlecon Research)

6.   Zusammenfassung / Ausblick

Wie wird die Zukunft des eCommerce aussehen? Diese Frage können wir leider nicht beantworten, aber wir können Tendenzen aufzeigen.

Bereits im Februar 2001 hat die Bundesregierung den *„Entwurf eines Gesetzes über rechtliche Rahmenbedingungen für den elektronischen Geschäftsverkehr"* vorgelegt, die die Kernforderungen der eCommerce-Richtlinie umsetzen soll. „Sie regelt Kernbereiche des elektronischen Geschäftsverkehrs wie die Verantwortlichkeit der Provider, Anbieterkennzeichnung und Preisangaben, Online-Werbung, den Abschluss elektronischer Verträge und enthält Vorschriften zur außergerichtlichen Streitbeilegung und zur Online-Klage."[56] Die Richtlinie muss bis Februar 2002 in nationales Recht umgesetzt werden.

„Der Gesetzentwurf zielt auf Vereinheitlichung der Rahmenbedingung für die Internetwirtschaft im europäischen Binnenmarkt, auf effiziente Verbraucherschutz-

---

[56] Bundesministerium für Wirtschaft und Technologie: Politikfelder: Medienrecht.
http://www.mbwi.de/homepage/politikfelder/informationsgesellschaft/medienrecht/medienrecht.jsp
gelesen am 26.06.2001

bestimmungen, sowie auf einen modernen verbraucherorientierten Datenschutz bei den neuen Diensten."[57]

Durch dieses Gesetz werden Diensteanbieter (Unternehmen, die im Internet auftreten) dem Herkunftslandprinzip unterworfen (vgl. 3.4.1). Das heißt „jedes Unternehmen hat prinzipiell nur die Vorschriften des Landes zu beachten, in dem es niedergelassen ist."[58] Das führt dazu das ein Land mit ausgereiften Verbraucherschutzgesetzen einen klaren Standortvorteil bietet. Hier haben die Kunden Rechtssicherheit und auch die Möglichkeiten ihre Rechte durchzusetzen, was letztlich zu einer schnelleren Entwicklung des eCommerce führt.

„Außerdem müssen Diensteanbieter (...) eine Vielzahl von Informationspflichten erfüllen, d.h. sie werden Verpflichtungen unterworfen, die nach geltendem Recht bisher allenfalls bei Verträgen zwischen Unternehmern und Verbrauchern (...) galten."[59]

Weitere wichtige Punkte, die geregelt werden, sind die Verantwortlichkeit bzw. Haftung, da in jüngster Zeit viele Urteile eher für Verunsicherung sorgten.

Zudem wird noch im Jahr 2001 das Rabattgesetz abgeschafft. Dadurch können sich neue internetspezifische Geschäftsmodelle wie das Powershopping, das bisher rechtlich sehr umstritten ist, herausbilden. Des Weiteren fallen alle Beschränkungen, die das Rabattgesetz den Unternehmen auferlegt hat, weg. Dies ist ein notwendiger Schritt, um die deutsche Wirtschaft gegenüber ausländischen Anbietern konkurrenzfähig zu halten.

Zusammenfassend kann festgehalten werden, dass viele Sicherheitsbedenken im Online-Business bei entsprechend vorhandener Infrastruktur (SSL, SET etc.) geklärt sind. Dabei ist der Einsatz solcher Sicherheitsmechanismen jedoch immer im Zusammenhang mit dem betriebenen Geschäft zu sehen.

---

[57] Bundesministerium für Wirtschaft und Technologie: Politikfelder: Medienrecht
[58] Dr. Pirner, B; Wannemacher & Partner GbR: Rechtsentwicklungen im E-Commerce 2001 – ein Ausblick; http://www.ecin.de/recht/rechtsentwicklung-2001/index.html gelesen am 26.05.2001
[59] Dr. Pirner, B.: Rechtsentwicklungen im E-Commerce 2001 – ein Ausblick

Literaturverzeichnis

Aufbau eines Logfiles. http://www.schneegans.de/logfiles/aufbau.html 20.05.2001

BGH, NJW 1995, 665

BGH, NJW 1996, 929

Bundesgesetzblatt: Gesetz über Rahmenbedingungen für elektronische Signaturen und zur Änderung weiterer Vorschriften; Jahrgang 2001 Teil I Nr. 22, ausgegeben zu Bonn am 21.05.2001, S. 876-884

Bundesministerium des Innern: Polizeiliche Kriminalstatistik 2000

Bundesministerium für Wirtschaft und Technologie: Politikfelder: Medienrecht. http://www.mbwi.de/homepage/politikfelder/informationsgesellschaft/medienrecht/medien recht.jsp, gelesen am 26.06.2001

Deutsch, T.: Die Beweiskraft elektronischer Dokumente. In: JurPC Web-Dok. 188/2000, Abs. 1-72, http://www.jurpc.de/aufsatz/20000188.htm

Dr. Pirner, B.; Wannemacher & Partner GbR: Rechtsentwicklungen im E-Commerce 2001 - ein Ausblick. http://www.ecin.de/recht/rechtsentwicklung-2001/index.html, gelesen am 26.05.2001

Eichhorn, B.: Internet-Recht, Fortis Verlag GmbH, Köln, 2000

EuroCard: Einkaufen im Netz. Aber mit Sicherheit. http://www.eurocard.de, gelesen am 25.05.2001

EuroCard: SET™: Was ist das? http://www.eurocard.de, gelesen am 25.05.2001

Gora, W.; Mann, E. (Hrsg.): Handbuch Electronic Commerce: Kompendium zum elektronischen Handel, Springer-Verlag Berlin Heidelberg u.a., 1999

Holzer, P.: Fallstudie: Rechnungshüter im Internet, In: e-commerce-magazin, April 2001, S. 50-51

Iclear Handel im Internet AG: Clearingvertrag., www.iclear.de; Datei: vertrag.pdf, gespeichert am 26.05.2001

Karenfort, J.: Keine Rechtssicherheit beim E-Commerce. In: WebWelt online vom 21.02.2001, http://www.welt.de

Kaufhold, K.: SCHUFA-Scoringservice: Risikoprognose ein Blick in die Zukunft. http://www.schufa.de, gelesen am 24.05.2001

Kessel, Chr., RA: In: E-Mail vom 29.05.2001

Köhler, M.; Arndt, H.-W.: Recht des Internet, 2., völlig neu bearb. u. erw. Aufl., C.F. Müller Verlag, Heidelberg, 2000

Mitschrift zur Vorlesung „Bürgerliches Gesetzbuch", WS 1998/1999

Robben, M.: Bonus durch Bonitätsprüfung & Co.
http://www.ecin.de/zahlungssysteme/bonitaet/index.html, gelesen am 24.05.2001

lic. jur. Rosenthal, D.: Dig. Signaturen: von Mißverständnissen und gesetzlichen Tücken.
http://www.weblaw.ch vom 14.04.2001

Schuhmacher, E.; Müller, A.: Ratgeber Rechts- und Vertragspraxis im E-Business, 1.
Aufl., Datakontext-Fachverlag, Frechen, 2001

Sperlich, T.: Keine offenen Rechnungen. In: <e>MARKET 18/01, S. 46 ff.

Weiland, H.: Viel Kredit verspielt. In: <e>MARKET 17/01, S 50 ff. ;

Weiland, H.: Methode mit Verfallsdatum. In: <e>MARKET 20/01, S. 46 ff.